François Corrignan

La spiritualité de François de Sales

Un chemin de vie

Edition revue et augmentée

DESCLÉE DE BROUWER

76 bis, rue des Saints-Pères, 75007 Paris
ISBN 2-220-03049-0

Liminaire

Il existe de nombreux livres sur saint François de Sales. Ses Œuvres *ont été publiées dans les vingt-six volumes de l'édition d'Annecy, par la Visitation (librairie E. Vitte, Lyon). Plusieurs biographies, des thèses, des études spécialisées, aussi bien que des ouvrages de vulgarisation, ont vu le jour au cours des trois siècles et demi qui nous séparent de lui.*

Pourquoi ajouter ce livre à tous ceux déjà parus ?

Simplement pour exprimer une manière de cheminer dans la vie spirituelle : à la salésienne.

A l'Assemblée Générale de la Société des Prêtres de Saint-François-de-Sales, de juillet 1983, centrée autour de l'animation spirituelle, l'une des motions finales rappelait : « L'animation spirituelle n'est pas le monopole de notre Société. Mais l'esprit salésien lui donne un style particulier. »

De là sont parties une recherche et une réflexion nourries des œuvres et de l'exemple de François de Sales et, très largement aussi, de l'expérience vécue dans divers pays du monde, où il m'a été donné de rencontrer des personnes et des groupes de diverses langues et mentalités, qui essaient de suivre la voie salésienne.

Ce livre est ainsi le fruit de la prière et de la vie, de la réflexion et de l'expérience.

Il est une simple invitation à écouter un message et à découvrir un chemin, en compagnie d'un ami, François de Sales.

Abréviations

IVD : Introduction à la vie dévote.
TAD : Traité de l'amour de Dieu.
EA : Edition d'Annecy (*Œuvres* de saint François de Sales en 26 volumes).
EA IX, 250 : Edition d'Annecy, volume 9, p. 250.
LG : Lumen Gentium (Constitution conciliaire sur l'Eglise).
GS : Gaudium et Spes (Constitution conciliaire sur l'Eglise dans le monde).
D.C. ou *Doc. Cath. : Documentation Catholique.*

Introduction

Un homme, François de Sales

« Je suis en toutes façons savoyard, et de naissance et d'obligation », dit-il de lui-même.

En effet, né le 21 août 1567, de François de Boisy et de Françoise de Sionnaz, au château de Sales, près de Thorens, il passe son enfance en Savoie. La province est alors indépendante et forme le duché de Savoie, au carrefour de la France, de l'Italie et de la Suisse.

Après quelques leçons particulières à la maison et des études au collège de La Roche, François part, à onze ans, avec son précepteur, M. Déage, pour Paris. Il y sera l'élève des Pères jésuites, au collège de Clermont, où l'enseignement et l'éducation chrétienne vont de pair.

Il en reviendra, en 1588, avec une licence et maîtrise « ès arts ». C'est à Paris qu'il traverse une forte crise spirituelle, liée aux cours sur la prédestination et la grâce, et peut-être au choix auquel il se voit confronté par la vie de beaucoup de ses contemporains : va-t-il mener, comme eux, une vie double ou bien va-t-il choisir de mener *une* vie, en conformité avec l'Evangile ?

Il sort de cette crise en s'abandonnant totalement à l'amour de Dieu, par les mains de Marie.

Revenu de Paris, il fait un court séjour en famille, avant de repartir pour l'université de Padoue, en Italie. Au bout de trois années d'études, pendant lesquelles il passe encore par un profond débat intérieur, il retourne à Annecy, docteur en droit civil et religieux. Car, s'il a fait du droit pour plaire à son père, il a fait en même temps de la théologie pour se plaire à lui-même.

Destiné au Sénat de Savoie par son père, il finit par convaincre celui-ci que sa vocation est « d'être d'Eglise ». Nommé d'abord prévôt du chapitre cathédral — premier poste du diocèse après l'évêque —, il est ordonné prêtre le 18 décembre 1593, à vingt-six ans.

Il se porte alors volontaire, avec son cousin Louis de Sales, pour la difficile mission du Chablais, province devenue presque entièrement calviniste. Il y travaillera de 1594 à 1598.

Sans doute, François épouse-t-il en partie les idées de son temps, à savoir que le protestantisme n'est pas une simple « hérésie », mais qu'il porte atteinte à l'unité d'un royaume catholique et que le duc a le droit de bannir les hérétiques. Pourtant, il refusera toujours une garde militaire et l'emploi de la force pour « convertir » les calvinistes. Sa méthode est de convaincre par l'exposé de la doctrine catholique et de gagner les cœurs par la puissance de la prière et de l'amour.

Choisi, en 1599, comme coadjuteur de son évêque, Mgr de Granier, François remplit plusieurs missions à Paris et autres lieux. C'est l'occasion pour lui de prêcher, de confesser, de rencontrer des personnes comme Madame Acarie, Angélique Arnauld, Vincent de Paul, Bérulle...

Ordonné évêque le 8 décembre 1602, François se souviendra fortement de ce jour. « Quand je fus consacré évêque, Dieu m'ôta à moi-même pour me prendre à lui, puis il me donna au peuple, c'est-à-dire qu'il m'avait converti de ce que j'étais pour moi à ce que je fusse pour eux. »

Il sera évêque de Genève, en résidence à Annecy, car Genève est occupée par les calvinistes. Pendant vingt ans, il va être un pasteur dans l'esprit du Concile de Trente, qui s'est tenu de 1545 à 1563. Il visite son diocèse ; il veille à la formation des prêtres, qu'il réunit chaque année en synode ; il met en œuvre la réforme et le renouveau de la vie religieuse ; il invite et aide les laïcs à vivre à fond leur vocation baptismale.

Epuisé par un travail quotidien qui ne lui laisse pas de répit, il meurt à cinquante-cinq ans, au cours d'un voyage, à la Visitation de Lyon, le 28 décembre 1622.

On ne peut parler de François de Sales sans évoquer Jeanne de Chantal. C'est au cours du Carême de 1604, à Dijon (France), qu'ils se rencontrent pour la première fois. Elle est la sœur de l'archevêque de Bourges, Mgr André Frémyot (originaire, comme elle, de Dijon). Elle a trente-deux ans et est mère de quatre enfants qu'elle doit élever seule, car son mari est mort des suites d'un accident de chasse, trois ans plus tôt.

Son éducation a été celle des jeunes filles de son temps et de son rang. Elle a appris à lire, à écrire et à compter ; elle a aussi appris « les belles manières » et « comment être ferme et fidèle catholique ». Mariée à vingt ans au baron Christophe de Rabutin Chantal, elle perd ce mari très aimé après neuf ans seulement de mariage. Elle se débat encore avec cette terrible épreuve quand elle rencontre François de Sales en 1604. L'ayant pris pour guide spirituel, elle va, peu à peu, retrouver la paix et avancer rapidement sur les chemins de la perfection évangélique.

En 1610, François de Sales et Jeanne de Chantal fondent ensemble la « Visitation Sainte-Marie », aujourd'hui Ordre cloîtré répandu dans un grand nombre de pays. A la mort de Jeanne, le 13 décembre 1641, quatre-vingt-sept visitations sont déjà fondées.

Vincent de Paul, grand ami de François, à qui il doit beaucoup dans son itinéraire spirituel, sera le directeur spirituel de Jeanne de Chantal et de la Visitation de Paris pendant de longues années. Il meurt en 1660, trente-huit ans après François de Sales.

I

Un message :
La sainteté pour tous

S'il y a un message que François de Sales a particulièrement adressé aux chrétiens de son temps, c'est bien que tous sont appelés à la sainteté. Pas seulement les moines et les moniales ou quelques athlètes spirituels capables de jeûnes rigoureux, de veilles prolongées et de grandes austérités. La sainteté n'est pas l'affaire de quelques privilégiés, doués de capacités physiques, intellectuelles et morales extraordinaires. C'est l'affaire de tous et le lot de tous.

Etonnant

En prêchant et en écrivant cela, François de Sales surprend plus d'un de ses contemporains et continue de surprendre un certain nombre de nos contemporains. Pourquoi ?

Sans doute, parce que, de son temps comme aujourd'hui, une certaine image de la sainteté habite l'esprit de la plupart des gens. Spontanément, on pense aux saints du calendrier, et l'on se dit : je ne me vois guère sur cette liste ! Ou bien, on imagine des êtres extraordinaires, hors du commun et hors du monde dans lequel on vit : une catégorie d'êtres plus proches des anges que des humains ; et l'on se dit : ce n'est pas pour moi.

Plusieurs auteurs spirituels eux-mêmes étaient tombés dans cette erreur, comme le constate François dans la préface de son *Introduction à la Vie dévote :* « Ceux qui ont traité de la dévotion ont presque tous regardé l'instruction des personnes fort retirées du commerce du monde, ou au moins ont enseigné une sorte de dévotion qui conduit à cette entière retraite. »

Beaucoup sont également effrayés par les mots de « sainteté » et de « perfection ». Peut-être parce que la « sainteté » est considérée comme un idéal, très beau, admirable, mais trop élevé pour la majorité des gens et donc pratiquement inaccessible. Ou encore, parce que la « perfection » évoque des personnes sans défauts, sans failles, faisant toujours tout « très bien » ; des personnes tellement « bien » qu'elles en deviennent ennuyeuses ou décourageantes pour les autres.

Du coup, il paraît moins prétentieux à beaucoup de vouloir être simplement « d'honnêtes gens » ou des chrétiens qui s'approchent aussi près que possible de l'Evangile, mais sans « aspirer à la vie parfaite. »

Et pourtant, les paroles de Jésus sont là, claires et directes, adressées à tous : « Vous donc, vous serez parfaits comme votre Père céleste est parfait » (Mt 5,48). A leur tour, les Apôtres répercutent cet appel : « Ce que Dieu veut, c'est votre sanctification » (1 Th 4,3). Oui, Paul insiste auprès des premiers chrétiens de Thessalonique et d'ailleurs : Dieu veut que vous deveniez des saints. C'est un appel déjà adressé au peuple choisi avant même la venue de Jésus : « Vous serez saints parce que moi, votre Dieu, je suis saint » (Lv 19,2) ; et repris mot à mot par saint Pierre à l'adresse des nouveaux chrétiens : « A l'exemple du Saint qui vous a appelés, devenez saints, vous aussi, dans toute votre conduite, selon qu'il est écrit : "Vous serez saints, parce que moi, je suis saint." » (1 P 1, 15-16).

Pas d'exceptions

François de Sales, à son tour, écrit sans hésiter : « Mon intention est d'instruire ceux qui vivent dans les villes, dans les ménages, à la cour, et qui par leur condition sont obligés de faire une vie commune quant à l'extérieur, lesquels bien souvent, sous le prétexte d'une prétendue impossibilité, ne veulent seulement pas penser à l'entreprise de la vie dévote... »

Pourquoi ose-t-il lancer l'invitation à tous ?

Pour la raison simple et fondamentale que la sainteté n'est pas un exploit qu'on réaliserait par soi-même. Il ne s'agit pas de sculpter sa propre statue, pour la mettre dans une niche ou dans une devanture, afin que les passants l'admirent.

La sainteté n'est pas une performance humaine, même spirituelle, à laquelle on parviendrait à force d'entraînement et par la mise en œuvre de moyens humains : grâce, par exemple, à une certaine gymnastique, à un cadre et un rythme de vie, à une ascèse du corps et de l'esprit.

Ces moyens ne sont pas inutiles, bien sûr, ni absents d'un cheminement spirituel. François de Sales en parlera. Mais la sainteté est autre chose qu'une performance humaine, aussi grande soit-elle. C'est une aventure divino-humaine : c'est Dieu qui fait irruption dans l'histoire de l'humanité et qui entraîne les hommes avec lui dans sa propre vie.

Le premier pas sur « le chemin de la perfection » (comme dit Thérèse d'Avila) consiste donc à accueillir Celui qui vient à nous de la part de son Père : le propre Fils de Dieu, Jésus Christ. Lui-même se présente comme « l'Envoyé du Père » ou « Celui que le Père a envoyé » (Jn 7,29; 8,16; 10,36).

Il vient pour nous parler, car il est la « Parole » du Père, son « Verbe » (Jn 1,1-18). Les hommes sont donc invités à *écouter :* c'est la première démarche à faire.

Ecouter pour *connaître.* Le Fils dévoile, en effet, les secrets de sa vie avec le Père : « Le Père aime le Fils, Il a tout remis entre ses mains... Le Père et moi nous sommes un... » (Gn 3,35; 10,30).

Cette écoute de Jésus permet de savoir que « Dieu est Amour », qu'il « a tellement aimé le monde qu'il a donné son Fils unique » (Jn 3,16).

Les gestes de Jésus et sa manière de vivre sont révélateurs de cet amour de Dieu pour l'humanité : proche de tous, il écoute, il guérit, il encourage, il apporte la paix, l'espérance, la joie. Parfait miroir de Celui de qui il vient, il peut dire : « Celui qui me voit, voit le Père » (Jn 14,9).

Il appelle tous les hommes à venir à lui, pour être avec lui et apprendre de lui à ressembler au Dieu d'amour : « Venez à moi, vous tous... » (Mt 11,28). Il invite à le suivre, personnellement et en groupe : « Viens, suis-moi... Venez, suivez-moi... »

Après les premiers compagnons et « disciples » de Jésus, des millions se sont mis en marche pour parcourir avec lui son chemin de vérité et de vie. Ils se sont laissé guider par lui et transformer peu à peu par son Esprit. Ils sont devenus des « saints », des vrais, peut-être pas tous inscrits au calendrier, mais tous reconnus et fêtés par l'Eglise entière le jour de la Toussaint.

La voie de l'amour

Paul écrira aux chrétiens d'Ephèse : « Imitez Dieu comme des enfants bien-aimés, et suivez la voie de l'amour » (5,1-2).

Cette réponse à l'appel, cette mise en route sur la voie de l'amour met en jeu la liberté de l'homme et suppose sa coopération. L'homme n'est pas passif dans cette aventure : il coopère à un don gratuit.

Ainsi, la sainteté n'est pas le simple résultat d'efforts humains, et elle n'est pas non plus le résultat automatique d'une « grâce » venue d'ailleurs. Elle s'obtient par la combinaison des deux : le don gratuit de Dieu et le travail de l'homme, dans la liberté. C'est une aventure dans laquelle Dieu et l'homme sont liés.

Paul exprime bien ces deux éléments de gratuité et de coopération, dans sa lettre aux Philippiens (2,12-13) : « *Travaillez...* à accomplir votre salut : aussi bien *Dieu est là qui opère* en vous à la fois le vouloir et le faire, au profit de *ses desseins bienveillants.* » Le don de Dieu est absolument gratuit ; cependant, il faut travailler pour le mettre en œuvre et lui faire porter le fruit que Dieu en attend.

Tout cela aide à comprendre que la sainteté n'est pas hors de notre portée et qu'elle ne consiste pas à faire des choses extraordinaires. Elle est essentiellement *incorporation à Jésus Christ :* le baptisé devient un avec le Christ. Et toute sa vie consiste à rendre effective cette réalité. Il doit devenir chaque jour un peu plus ce qu'il est déjà au baptême, devenir ce que Jésus Christ est par nature : Fils de Dieu.

Cela se fait par « l'imitation de Jésus Christ » : en mettant ses pas dans les pas du Christ, en suivant, comme lui, « la voie de l'amour ».

Cette imitation-incorporation est rendue possible par l'Esprit Saint qui habite le baptisé. Il suffit à celui-ci de collaborer avec l'Esprit Saint, en particulier dans la prière et les sacrements.

François de Sales le dit dans la deuxième partie de son *Introduction à la Vie dévote*, qui s'ouvre par un chapitre sur la prière. Il conseille surtout la prière de l'esprit et du cœur « et particulièrement celle qui se fait autour de la vie et Passion de Notre Seigneur : en le regardant souvent par la méditation, toute votre âme se remplira de lui ; vous apprendrez ses contenances (manières d'être) et formerez vos actions au modèle des siennes ».

Sa conclusion évoque, dans la ligne de Paul, l'union de la grâce divine et de l'action humaine : « Et nous, demeurant près du Sauveur par la méditation, et observant ses paroles, ses actions et ses affections, nous apprendrons, moyennant sa grâce, à parler, faire et vouloir comme lui. »

Parlant de l'Eucharistie, il met au centre de la vie chrétienne ce « mystère ineffable qui comprend l'abîme de la charité divine, et par lequel Dieu s'appliquant réellement à nous, nous communique magnifiquement ses grâces et faveurs » (2,14).

« Imitez Dieu... suivez la voie de l'amour à la suite du Christ... » L'amour parfait vécu par Jésus (« Ayant aimé les siens qui étaient dans le monde, il les aima jusqu'au bout », Jn 13,1), François de Sales l'appellera, au niveau des disciples de Jésus, la « dévotion ». La dévotion est cette « perfection de la charité » vécue par le Christ Jésus et à vivre par ceux qui veulent le suivre.

Or elle est accessible à tous, sans exception. François de Sales déclare solennellement dès la première partie de ce livre destiné à tous qu'est *L'Introduction à la vie dévote :* « C'est une erreur, et même une hérésie, de vouloir bannir la vie dévote de la compagnie des soldats, de la boutique des artisans, de la cour des princes, du ménage des gens mariés... *Car, où que nous soyons, nous pouvons et devons aspirer à la vie parfaite* » (1,3).

Aimer humblement

Le principe étant admis, comment le mettre en pratique ?

Si c'est l'amour qui rend « saint » à la suite du Christ, si c'est l'amour qui rend « parfait » comme le Père céleste, on peut dire qu'il est nécessaire et suffisant d'aimer.

C'est l'avis de François, exprimé dans le *Traité de l'Amour de Dieu* (1,6) : « Dieu, ayant créé l'homme à son image et ressemblance, veut que, comme en lui, tout y soit ordonné par l'amour et pour l'amour. » Dieu est Amour, il agit par amour et pour l'amour ; ainsi l'homme doit-il être gouverné par l'amour et pour l'amour.

Et, comme il n'y a pas d'amour vrai sans humilité, celle-ci sera la base de l'édifice à construire. Nous sommes « la demeure de Dieu » (1 Co 3,16), demeure dont les éléments nous sont donnés pour que nous les mettions en place en nous référant à l'intention de l'architecte et en respectant les lois de la construction. C'est ce que l'Evangile et François de Sales appellent « l'humilité » : savoir que nous ne sommes pas maîtres absolus à bord, que nous sommes des propriétaires-locataires, des « étrangers domiciliés », comme disait déjà un texte du IIe siècle (*Lettre à Diognète*). Chaque matin, nous avons donc à nous recevoir, à nous accueillir nous-mêmes et à accueillir notre chantier des mains de Celui qui nous donne de vivre et de bâtir, parce qu'il nous aime. Il s'agit, en effet, d'une dépendance d'amour, qui ne diminue pas l'homme, mais le grandit en lui donnant accès à l'Infini.

Amour et humilité sont donc inséparables. « La charité est mariée avec l'humilité. »

C'est bien la « charité » (l'amour qui vient de Dieu et qui est vécu par nous), et elle seule, « qui nous met en la perfection ». Et cet amour est donné à tous ceux qui ont le cœur assez simple et assez vide d'eux-mêmes pour l'accueillir : « Pour recevoir la grâce de Dieu en nos cœurs, il les faut avoir vides de notre propre gloire » (*IVD* 3,4).

Saints aujourd'hui

La sainteté est pour tous. Cette vérité a été proclamée pour notre temps par le Concile Vatican II (1962-1965), spécialement dans la Constitution sur l'Eglise, *Lumen Gentium.* Le chapitre V de cette constitution s'intitule : « L'appel universel à la sainteté dans l'Eglise. »

La présentation est extrêmement proche de celle de François de Sales. On pourrait la résumer ainsi :

Aux yeux de la foi, l'Eglise est sainte, parce qu'elle

a son origine en Dieu qui est saint, parce qu'elle est l'Epouse du Christ, qui est « le Saint de Dieu », et parce qu'elle est habitée et animée par l'Esprit Saint. Par le baptême, tous les membres de l'Eglise participent à cette sainteté de Dieu et sont appelés à la mettre en œuvre dans toute leur vie : ils ont à devenir pleinement ce qu'ils sont. La vie chrétienne est donc une collaboration au don reçu, en reconnaissant que Jésus Christ est à l'origine de l'être chrétien des baptisés et que c'est lui qui les conduit à l'épanouissement plénier de cet être chrétien, par le don de son Esprit.

La vision de François de Sales et celle du Concile Vatican II s'harmonisent tout à fait et s'expriment pratiquement dans les mêmes termes. Quelques citations de l'un et de l'autre suffiront à le montrer.

« Croyez-moi... la dévotion est la douceur des douceurs et la reine des vertus, car c'est la perfection de la charité » (*IVD* 1,3)... « Seule la charité nous met en la perfection » (3,8), dit François.

Et le Concile : « C'est donc la charité envers Dieu et envers le prochain qui marque le véritable disciple du Christ » (*LG* 42).

François donne comme titre au chapitre 3 de la première partie de son *Introduction :* « Que la dévotion est convenable à *toutes* sortes de vocations et professions. »

Et le Concile intitule le chapitre V de *Lumen Gentium :* « L'appel *universel* à la sainteté dans l'Eglise. »

Si l'Eglise est un jardin, les chrétiens en sont les plantes et les fleurs vivantes. Aucune n'est de trop, chacune a sa place et sa fonction, toutes ont la même vocation de base et la même mission : recevoir de Dieu leur beauté, pour faire resplendir Son visage parmi les hommes.

« Dieu commanda en la création aux plantes de porter leurs fruits, chacune "selon son genre" (Gn 1,11) : ainsi commande-t-il aux chrétiens, qui sont les plantes vivantes de son Eglise, qu'ils produisent des fruits de dévotion, un chacun selon sa qualité et vacation » (*IVD* 1,3).

C'est l'enseignement du Concile : « Dans l'Eglise, tous sont appelés à la sainteté... Sous toutes sortes de formes elle s'exprime en chacun de ceux qui tendent à la charité parfaite, dans leur ligne propre de vie, en édifiant les autres » (*LG* 39).

La sainteté a-t-elle quelque rapport avec la vie en société et l'histoire de l'humanité ? Certainement, répondent François et le Concile. Car les chrétiens sont membres de l'humanité, et rien de ce qu'ils vivent n'est étranger à la vie du monde.

« Non, la dévotion ne gâte rien quand elle est vraie, mais elle perfectionne tout... Le soin de la famille en est rendu plus paisible, l'amour du mari et de la femme plus sincère, le service du prince plus fidèle, et toutes sortes d'occupations plus suaves et amiables » (3,1).

Ce que le Concile traduit aujourd'hui par : « L'appel à la plénitude de la vie chrétienne et à la perfection de la charité s'adresse à tous ceux qui croient au Christ, quel que soit leur état ou leur rang ; dans la société terrestre elle-même cette sainteté contribue à promouvoir plus d'humanité dans les conditions d'existence » (*LG* 40).

Ainsi, il n'y a aucun doute possible : tous sont appelés à la sainteté, et chacun là où il est, selon sa condition.

La conclusion de François de Sales et celle de Vatican II n'en font qu'une. « Où que nous soyons, nous pouvons et devons aspirer à la vie parfaite », dit le premier. Et le second : « Tous les fidèles du Christ sont donc invités et obligés à poursuivre la sainteté et la perfection de leur état. »

★

L'enseignement de François de Sales fait désormais partie du bien commun de l'Eglise. Cet enseignement, enraciné dans la Tradition qui commence avec le Christ et ses Apôtres, a été, en effet, largement reconnu et intégré à l'enseignement de l'Eglise depuis près de quatre siècles. Il a été exprimé à nouveau pour notre temps par le Concile Vatican II et par celui qui a conduit le Concile à son terme : le pape Paul VI.

Le 29 janvier 1967, annonçant aux pèlerins venus à Rome la publication de sa lettre *Sabaudiae Gemma* à l'occasion du quatrième centenaire de la naissance de François de Sales, le pape disait : « Vous connaissez certainement ce saint. C'est une des plus grandes figures de l'Eglise et de l'histoire. Il est le protecteur des journalistes et des publicistes parce qu'il rédigea lui-même une première publication périodique. Nous pouvons qualifier d'"œcuménique" ce saint qui écrivit les *Controverses* afin de raisonner clairement et aimablement avec les calvinistes de son temps. Il fut un maître de spiritualité qui enseigna la perfection chrétienne pour tous les états de vie. Il fut sous ces aspects un précurseur du IIe Concile œcuménique du Vatican. Ces grands idéaux sont toujours d'actualité » (*Doc. cath.*, n° 1489, p. 386).

II

Un chemin

« *Je ne dis rien que je n'aie appris des autres* », *écrit modestement François de Sales dans la préface de son* Traité de l'Amour de Dieu. *Il est vrai que son enseignement est un écho fidèle de l'Evangile et qu'il exprime l'enseignement commun de l'Eglise sur la sainteté. Cependant, François a sa manière propre de présenter le chemin et d'encourager à y marcher. Sa pédagogie spirituelle pourrait s'exprimer ainsi :*

Il faut commencer par l'intérieur,
Un intérieur gouverné par la raison,
Un intérieur habité par une mémoire en éveil,
Un cœur de disciple.
Il faut unir le cœur et la vie,
Dans une marche à la portée de tous,
En esprit de liberté,
Pour porter témoignage,
Dans la fidélité.

1

Commencer par l'intérieur

Pour François de Sales, c'est un principe de vie chrétienne en même temps qu'une méthode apostolique. Il l'exprime très nettement dans un chapitre de l'*Introduction à la Vie dévote* qui, curieusement, traite des « exercices de la mortification extérieure ». Il s'y présente en désaccord avec des directeurs spirituels ou conseillers qui commencent par le côté extérieur de la vie des personnes ou qui établissent un règlement de vie avant que les personnes sachent le pourquoi de ce cadre extérieur. Pour lui, la seule bonne façon de faire, c'est de commencer par le cœur.

« Pour moi, je n'ai jamais pu approuver la méthode de ceux qui, pour réformer l'homme, commencent par l'extérieur, par les contenances, par les habits, par les cheveux. Il me semble, au contraire, qu'il faut commencer par l'intérieur : ''Convertissez-vous à moi'', dit Dieu, ''de tout votre cœur'' (Jl 2,22) ; ''Mon enfant, donne-moi ton cœur'' (Pr 23,26) ; car aussi, le cœur étant la source des actions, elles sont telles qu'il est. L'Epoux divin invitant l'âme, lui dit : ''Mets-moi comme un cachet sur ton cœur, comme un cachet sur ton bras'' (Ct 8,6) » (*IVD* 3,23).

Un cadre, un code, des règles extérieures sont toutes choses nécessaires, mais dans un deuxième temps, quand le cœur aura été pris. C'est au cœur qu'il faut d'abord s'adresser.

Pourquoi ?

Pour cinq ou six raisons au moins, implicites ou exprimées ici et là dans ses *Œuvres*.

Une première raison est que le cœur est « *siège et source de l'amour* » (*TAD* 1,10). C'est une façon de dire que l'amour réside, loge dans le cœur, c'est-à-dire dans la volonté profonde et qu'il jaillit de cette volonté, de ce cœur de l'homme, comme d'une source. Si le cœur est tourné vers le bien, l'amour qui l'habite sera bon, lui aussi.

« Tant vaut le cœur, tant vaut l'homme », dit François en raccourci (*EA* IX, 250). En effet, l'homme vaut ce que vaut son amour, et son amour vaut ce que vaut son cœur.

Une seconde raison est que le cœur est le *lieu de la rencontre avec Dieu*. C'est un thème qui court dans toute la Bible, spécialement lorsqu'elle parle de l'alliance de Dieu avec son peuple et avec des membres particuliers de ce peuple. Jérémie 31,31-34 est célèbre : « Voici quelle sera l'alliance que je conclurai avec la maison d'Israël... Je mettrai ma Loi au plus profond d'eux-mêmes, je l'inscrirai dans leur cœur. Je serai leur Dieu et ils seront mon peuple. » Elle est révélatrice aussi la rencontre de Jésus avec la Samaritaine (Jn 4,1-24). Il lui explique qu'on peut « adorer le Père » en dehors de Jérusalem ou de la montagne : chacun peut le rencontrer dans son cœur, car « Dieu est esprit », ou, comme dit François, « Dieu est Dieu du cœur humain ». La rencontre est donc possible n'importe où, n'importe quand, au plus profond de soi-même.

Une troisième raison de commencer par l'intérieur, c'est que *le cœur est le premier lieu de la conversion.* L'évangile de saint Marc ouvre sur l'appel de Jésus à « se convertir » : changer nos cœurs et nos vies, et croire à la Bonne Nouvelle (Mc 1,15).

C'est par le cœur, en effet, que l'on adhère à Dieu et à son Royaume. Le croyant est quelqu'un dont la volonté profonde se laisse transformer peu à peu en volonté de Dieu : vouloir ce qu'Il veut, aimer ce qu'Il aime.

François l'exprime dans la prière qui termine le chapitre 15 du premier livre du *Traité de l'Amour de Dieu :* « Il y a quelque souverain bien duquel je dépends, et quelque ouvrier infini qui a imprimé en moi cet interminable désir de savoir et cet appétit qui ne peut être assouvi : c'est pourquoi il faut que je tende et m'étende vers lui, pour m'unir et joindre à sa bonté à laquelle j'appartiens et je suis. »

Une quatrième raison, c'est que le cœur est *le centre des décisions qui engagent la vie.* Nos choix sont des actes de la volonté : les grands choix de la vie, comme celui d'une vocation au mariage ou au célibat, à la vie religieuse, au diaconat ou à la prêtrise; et les choix de chaque jour. Tous, avec plus ou moins d'importance, nous engagent.

D'où la conviction de François : il faut gagner le cœur. Car « qui a gagné le cœur de l'homme, a gagné tout l'homme ».

Il l'exprime dans une autre prière au livre 7 du

huitième livre du *Traité*. Une prière enracinée dans la promesse faite à Isaïe par le Seigneur, de donner à son peuple « un nom nouveau » gravé dans les cœurs ; ce nom est « ma volonté en eux » (Is 62,2). S'adressant au Christ Jésus, François dit : « Il fut écrit de vous, ô Sauveur de mon âme, que vous fassiez la "volonté" de votre Père éternel ; et, par le premier vouloir humain de votre âme, à l'instant de votre conception, vous avez embrassé amoureusement cette "loi" de la volonté divine et l'avez mise "au milieu de votre 'cœur'" (Ps 39,8-9) pour y régner et dominer éternellement : hé, qui fera la grâce à mon âme qu'elle n'ait point de volonté que la volonté de son Dieu ! »

Une cinquième raison, c'est que le cœur est « *la source des actions* ». C'est un constat que chacun peut faire. Jésus a aidé ses disciples à s'en souvenir, à l'occasion d'un repas qu'ils avaient fait sans se laver les mains (Mc 7,1-23) : « C'est du dedans, du cœur de l'homme que sortent les pensées perverses... », aussi bien que les bons desseins. C'est donc le cœur qui doit être pur, et non les aliments. La bonté ou la malice des actes dépend du cœur.

En effet, « le cœur étant la source de nos actions, elles sont telles qu'il est » (*IVD* 3,23).

Enfin, François de Sales commence par le cœur, parce que *le cœur humain est une réalité universelle* dans le temps et dans l'espace. Bien sûr, l'époque, le lieu et le milieu marquent les personnes et leurs réactions (nous y reviendrons plus loin). Mais, devant les questions fondamentales de la vie, de l'amour, de la mort, il n'y a pas une réponse blanche, noire ou jaune, africaine, américaine, asiatique, européenne ou océanique, ancienne ou moderne. Il y a une réponse « humaine ».

Car les humains ont en commun ce qui est exprimé par le « cœur ». Celui-ci n'a pas de couleur, ni de pays, ni de temps. On peut jouer aujourd'hui une pièce de théâtre écrite il y a 3000 ans, si elle traite de questions humaines ; de même qu'on peut lire des philosophes d'autres époques et d'autres pays.

Ainsi, les lettres personnelles de François à sa cousine, Mme de Chamoisy, sont-elles devenues un livre, sur la demande d'un religieux qui estimait « que plusieurs en pourraient tirer du profit ». Et, dans la préface de cette *Introduction à la Vie dévote*, l'auteur s'en explique : « J'adresse mes paroles à *Philothée*, parce que, voulant réduire à l'utilité commune de plusieurs âmes ce que j'avais entièrement écrit pour une seule, je l'appelle du nom commun à toutes celles qui veulent être dévotes ; car *Philothée* veut dire amatrice ou amoureuse de Dieu. »

Dans la préface du *Traité de l'Amour de Dieu*, François revient sur le lien entre le « particulier » et l'« universel ». A ceux qui lui disent que le fait de s'adresser à *Philothée* a empêché des hommes de le lire, il répond avec humour : « Je te laisse à penser, mon cher lecteur, si la dévotion n'est pas également pour les hommes comme pour les femmes... Mais, outre cela, c'est l'âme qui aspire à la dévotion que j'appelle *Philothée*, et les hommes ont une âme aussi bien que les femmes. »

Pour changer, dans le *Traité*, il s'adresse à *Théotime* (le « craignant-Dieu »), et, avec le même humour, il écrit : « Que si d'aventure, il se trouvait des femmes... qui ne voulussent pas lire les enseignements qu'on fait à un homme, je les prie de croire que le *Théotime* auquel je parle est l'esprit humain, qui désire faire progrès en la dilection sainte, esprit qui est également chez les femmes comme chez les hommes. »

*

« Il faut commencer par l'intérieur », cette consigne de François de Sales rejoint l'enseignement de la Bible et la pédagogie de Dieu avec son peuple et avec toute l'humanité. Il suffit de relever tous les passages où le « cœur » est nommé pour voir l'importance de la démarche : commencer par l'intérieur.

François de Sales rejoint encore le vieux Paul et bien d'autres pour qui l'intérieur prime sur l'extérieur. L'être humain vaut plus par ce qu'il est que par ce qu'il paraît ou fait. « Encore que l'homme extérieur en nous s'en aille en ruines, l'homme intérieur se renouvelle de jour en jour... Nous ne regardons pas aux choses visibles, mais aux invisibles ; les choses visibles, en effet, n'ont qu'un temps, les invisibles sont éternelles » (2 Co 4,16-18).

Ce regard du cœur permet, en effet, d'atteindre plus profondément la réalité d'un être. S'il est guidé par la sympathie, il rend capable de connaître et de comprendre au-delà des apparences.

D'où l'une des applications que fait François dans le domaine des jugements que l'on porte sur les autres ; il demande d'éviter les « jugements téméraires », et il s'en explique : « Les jugements des enfants des hommes sont téméraires parce qu'ils ne sont pas juges les uns des autres, et jugeant ils usurpent l'office de Notre Seigneur (lui seul peut juger) ; ils sont téméraires parce que la principale malice du péché dépend de l'intention et "conseil du cœur", qui est le "secret des ténèbres'' pour nous ; ils sont téméraires parce qu'un chacun a assez à faire à se juger soi-même, sans entreprendre de juger son prochain » (*IVD* 3,28).

Parlant de la prière, il recommande « la mentale et cordiale », c'est-à-dire la prière de l'esprit et du cœur, la prière intérieure, celle qui consiste à laisser la lumière de Dieu éclairer notre intelligence et l'amour de Dieu remplir notre cœur. Une telle démarche de prière donne effectivement la priorité à l'intérieur sur l'extérieur.

Au milieu même des activités de la journée, cette intériorité s'exprimera par de courtes reprises et par des élans rapides du cœur vers Dieu : Pensez à « faire toujours plusieurs retraites en la solitude de votre cœur, pendant que corporellement vous êtes parmi les conversations et affaires ; et cette solitude mentale ne peut nullement être empêchée par la multitude de ceux qui vous sont autour, car ils ne sont pas autour de votre cœur, mais autour de votre corps, si bien que votre cœur demeure lui tout seul en la présence de Dieu seul » (*IVD* 2,12).

« Aspirez bien souvent en Dieu, par des courts mais ardents élancements de votre cœur : admirez sa beauté, invoquez son aide, [...] interrogez-le, [...] tendez-lui la main, comme un petit enfant à son père, afin qu'il vous conduise. » C'est un exercice facile, « car il se peut entrelacer en toutes nos affaires et occupations » (*IVD* 2,13).

2

La raison doit être reine à bord

Intériorité d'abord : c'est un principe chez François de Sales. Mais il ne recherche pas une intériorité intimiste, qui pourrait tourner à la pure introspection ou rester au niveau du sentiment religieux ou du sentiment amoureux. Il veut une intériorité habitée par la raison, un intérieur bien gouverné.

Le cœur humain, par lequel il faut commencer, il le veut illuminé et guidé par la raison, cette faculté proprement humaine. En effet, « nous ne sommes hommes que par la raison ».

L'être humain est un être « raisonnable » : c'est ce qui le distingue des autres êtres vivants, animaux en particulier, dont il est proche par bien des éléments. Il a pratiquement les mêmes besoins fondamentaux de manger, de boire, de dormir, de se reproduire. Il a des instincts. La différence est qu'un animal n'est conduit que par l'instinct, tandis que l'homme est conduit par la raison.

Les animaux font certaines choses mieux que l'homme et avec plus de facilité — il suffit de penser à certains nids d'oiseaux. Mais ils n'ont pas le choix. Le « mode d'emploi » est inscrit dans leur nature : ils ne peuvent pas s'en écarter pour en choisir un autre. Pour être ce qu'il est, l'animal n'a qu'à suivre son instinct, et il ne peut que le suivre. Même s'il est dressé et qu'il arrive à faire des choses nouvelles, il ne crée pas, il répète et refait ce qu'on lui a appris, dans des circonstances déterminées.

L'homme, par contre, peut contrôler ses instincts, ses émotions, ses passions. Il peut les diriger, les orienter, car il est capable de penser et de choisir. Et, pour être ce qu'il est — un homme —, il lui faut orienter ses instincts et toutes ses facultés conformément à leur fin propre et à la fin de tout être humain. C'est un travail lent et difficile, toujours à reprendre, car la supériorité de la raison ne s'affirme pas de façon permanente.

L'être que Dieu nous a donné a beau être « le premier être du monde visible », il se rend parfois « rebelle par (ses) affections déréglées » (*IVD* 1,9).

François le constate avec réalisme :

« Nous ne sommes hommes que par la raison, et c'est pourtant chose rare de trouver des hommes vraiment raisonnables. » D'où cela vient-il ? « L'amour-propre (qui est un amour mal orienté, centré sur soi) nous détraque ordinairement de la raison (c'est-à-dire nous fait dévier), nous conduisant insensiblement à mille sortes de petites, mais dangereuses injustices et iniquités qui, comme les "petits renardeaux" desquels il est parlé aux Cantiques (Ct 2,15), "démolissent les vignes" ; car, d'autant qu'ils sont petits on n'y prend pas garde, et parce qu'ils sont en quantité ils ne manquent pas de beaucoup nuire » (*IVD* 3,36).

Si on s'arrête un instant pour réfléchir, on peut

repérer ces petits renards qu'on laisse entrer dans sa vie et qui finissent parfois par la déséquilibrer, la rendre fantasque ou insignifiante, la ruiner de l'intérieur. C'est, par exemple, manger ou boire sans modération ni contrôle, sans vrai besoin ; c'est passer du temps à des choses futiles et inutiles, qui rendent la vie sans consistance et sans but ; c'est parler sans réfléchir et se mêler de tout sans discernement ; c'est prier seulement quand on en a envie ; c'est s'embarquer dans une entreprise sans savoir où elle mène ; c'est juger les personnes suivant la sympathie ou l'antipathie que l'on éprouve pour elles...

Les exemples ne manquent pas. François en donne quelques-uns de la vie ordinaire : « Nous accusons pour peu le prochain, et nous nous excusons en beaucoup ; nous voulons vendre fort cher, et acheter à bon marché ; nous voulons que l'on fasse justice en la maison d'autrui, et chez nous, miséricorde... En tout nous préférons les riches aux pauvres, quoi qu'ils ne soient ni de meilleure condition, ni si vertueux... ; nous nous plaignons aisément du prochain, et nous voulons qu'aucun ne se plaigne de nous... Bref, (nous avons) deux cœurs ; car nous avons un cœur doux, gracieux et courtois en notre endroit, et un cœur dur, sévère, rigoureux envers le prochain. Nous avons deux poids... » (*IVD* 3,36).

Agir ainsi, c'est ne pas être « juste et raisonnable », c'est nous laisser conduire par les sentiments, les émotions, les passions, qui nous centrent sur nous-mêmes.

On voit, par là, que le « raisonnable » est plus et autre que le « rationnel », sans s'opposer à lui. Est rationnel ce qui répond à une logique, ce qui se tient dans un énoncé et le déroulement de la pensée.

Rationnel qualifie la logique d'un raisonnement, même abstrait. Dans le « raisonnable », il y a aussi une logique, mais qui ne peut jamais demeurer dans l'abstrait ; elle a toujours un lien avec la vie. Ainsi, quand on demande aux chrétiens d'être des « chrétiens logiques, cohérents », on leur demande de vivre conformément à leur foi. C'est ce que François appelait des chrétiens « raisonnables ».

Selon lui, est raisonnable ce qui est conforme à la justice, à la dignité humaine et au but de la vie humaine ; et est raisonnable pour le chrétien, ce qui est conforme à Jésus Christ et à son Evangile.

Il constate qu'il y a peu d'hommes vraiment raisonnables. En même temps, il croit les hommes capables de devenir raisonnables, s'ils se laissent guider. C'est pourquoi il veut aider chacun à marcher selon la raison. Des exemples de personnes variées nous le montreront.

Lui-même, tout d'abord, est un bel exemple d'homme raisonnable selon l'Evangile.

Dans sa vie, il donne toute leur place aux sentiments, aux passions, aux émotions. Il se déclare lui-même « le plus affectif du monde ». Il aime fortement, il est fidèle dans ses amitiés, il ressent la souffrance des séparations, il se sent parfois « piqué de colère » et bouillonne intérieurement... En même temps, il contrôle et dirige tout ce cœur affectif, selon Dieu, c'est-à-dire conformément à ce que Dieu veut de lui comme homme, comme chrétien, prêtre, évêque.

Une lettre à Jeanne de Chantal (de 1620 ou 1621, donc un ou deux ans avant sa mort) est éclairante : elle montre à la fois son côté très affectif et son choix sans équivoque de Dieu, son Bien suprême :

« Il n'y a point d'âmes au monde, comme je pense,

qui chérissent plus cordialement, tendrement et, pour le dire tout à la bonne foi, plus amoureusement que moi ; car il a plu à Dieu de faire mon cœur ainsi. Mais néanmoins, j'aime les âmes indépendantes, vigoureuses et qui ne sont point femelles ; car cette si grande tendreté brouille le cœur, l'inquiète et le distrait de l'oraison amoureuse envers Dieu, empêche l'entière résignation (= la remise totale de soi-même) et la parfaite mort de l'amour-propre. Ce qui n'est point Dieu, n'est rien pour nous » (*cf.* Ravier, *Lettres d'amitié spirituelle,* p. 323).

Une autre lettre à la même Jeanne de Chantal (le 2 novembre 1607, donc treize ou quatorze ans avant la précédente) révèle déjà le cœur à la fois affectif et raisonnable de François. L'équilibre entre le cœur et la raison, les sentiments et la foi, apparaît bien comme une constante de sa vie. Il écrit cette lettre après la mort de sa petite sœur Jeanne (quatorze ans), qui était avec Jeanne de Chantal quand elle mourut. Il l'aimait « cordialement », car elle était sa petite sœur, il l'avait baptisée lui-même, et c'était son premier baptême de jeune prêtre. On comprend combien cette mort le touche. C'est à cette occasion qu'il dira être « tant homme que rien plus ». Mais on se tromperait sur son « humanisme » en retirant la phrase de son contexte. Car la lettre commence par cette déclaration qui donne le ton : « Eh bien, mais n'est-il pas *raisonnable* que la très sainte volonté de Dieu soit exécutée, aussi bien dans les choses que nous chérissons comme aux autres ? »

Ensuite, apparaît un homme au cœur déchiré en même temps que paisible parce que totalement établi en Dieu :

« Vous désirez de savoir ce que je fais. Hélas, je suis

tant homme que rien plus. Mon cœur s'est attendri plus que je n'aurais jamais pensé; mais la vérité est que le déplaisir (le chagrin) de ma mère et le vôtre y ont beaucoup contribué, car j'ai eu peur de votre cœur et de celui de ma mère. Mais quant au reste, oh ! Vive Jésus ! je tiendrai toujours le parti de la Providence divine : elle fait tout bien et dispose de toutes choses au mieux (Sg 12,16-18)... » (*cf.* Ravier, *op. cit.*, p. 244).

Ce qu'il a vécu lui-même, François de Sales l'enseigne à ses amis et correspondants.

Ils ne peuvent se laisser conduire par le seul sentiment, par la passion ou l'émotion. Car les sentiments, les désirs, les envies changent suivant les jours, et même les heures, et suivant les circonstances; et ils sont capables de nous égarer et de nous asservir, au lieu de nous servir pour grandir en humanité et en sainteté. Pour qu'ils servent, ils doivent être contrôlés, ils doivent se soumettre à la raison. C'est pour l'en convaincre que François écrit au jeune fils de Jeanne de Chantal, Celse-Bénigne, au moment où il va « faire voile et prendre la haute mer de la cour » à Paris (8 décembre 1610) :

« Prenez garde, je vous supplie, à ne point vous embarrasser parmi les amourettes, et à ne point permettre à vos affections de prévenir (surprendre, devancer) votre *jugement* et *raison* au choix des sujets aimables; car, quand une fois l'affection a pris sa course, elle traîne le jugement comme un esclave, elle a des choix fort impertinents et dignes du repentir qui les suit par après bientôt » (Ravier, *op. cit.*, p. 342).

Qu'est-ce donc que vivre selon la raison?

Pour François de Sales, c'est savoir ce que l'on fait

et où l'on va, c'est avoir des convictions, et c'est vivre un équilibre.

Savoir ce que l'on fait, pourquoi on le fait, et où l'on va : voilà une nécessité de toute vie personnelle ou collective. Sinon, on risque de s'activer et de s'agiter inutilement et de se retrouver un jour totalement décontenancé, ne voyant plus le sens de ce que l'on fait et de ce que l'on vit.

La parabole de la tour à construire s'adresse à tous : il faut commencer par s'asseoir et voir si on peut aller jusqu'au bout (Lc 14,28-33).

Quelques jours avant sa mort, dans son sermon de Noël 1622, François de Sales rappelle que « en toutes les œuvres que nous faisons ou que nous commençons, si nous sommes bien avisés, nous avons la fin présente parce que nous la devons avoir ».

C'est toujours ainsi qu'il procède lui-même. Quand des personnes s'adressent à lui pour se faire guider spirituellement, il commence par leur montrer le bien-fondé de leur désir de vivre l'Evangile à fond et il indique où cela conduit : « Je ne cesserai jamais de prier notre bon Dieu qu'il lui plaise de parfaire en vous son saint ouvrage, c'est-à-dire le bon désir et dessein de parvenir à la perfection de la vie chrétienne ; désir que vous devez chérir et nourrir tendrement en votre cœur, comme une besogne du Saint-Esprit et une étincelle de son feu divin » (à Jeanne de Chantal, 3 mai 1604).

Cette manière de faire est pour lui une question d'honnêteté : la personne doit savoir où aboutissent la démarche qu'elle fait et le chemin qu'elle prend. C'est aussi un principe de pédagogie et d'action pastorale, dont il trouve le modèle en Dieu même, en méditant sur le mystère de Noël : avant de construire une maison ou un palais, on commence par regarder qui viendra l'habiter, pour faire une habitation qui corresponde aux besoins de la ou des personnes. « Le Père éternel en a fait de même en la fabrique de ce monde ; car il projeta de le créer pour l'Incarnation de son Fils, qui est le Verbe éternel. La fin de son œuvre fut donc son commencement, sa divine Sagesse ayant prévu de toute éternité que ce Verbe prendrait notre nature et viendrait sur cette terre. »

Quand il s'agit de choses matérielles, on fait assez spontanément cette démarche : avant de construire ou d'acheter une maison ou un appartement, on considère si c'est pour une personne ou pour une famille, grande ou petite, pour un groupe régulier ou occasionnel...

Quand nous sommes dans le domaine de la foi et de la vie chrétienne, nous oublions parfois de faire la même réflexion. « Nous nous empressons à l'exercice de l'œuvre que nous avons entreprise, plutôt que de considérer quelle doit en être la fin » (Assomption 1618, *EA* IX, 188).

Or la fin de notre vie, c'est — en traversant la mort — de partager la vie même de Dieu. C'est la « divinisation » ou « déification » de notre être.

La fin de nos activités, comme de nos choix et de nos décisions, c'est donc de faire ce que Dieu veut, pour réaliser notre vocation à la vie divine et aider les autres à répondre à cette même vocation ; puisque « la destinée humaine est unique, à savoir divine » (*GS* 22,5).

Avoir la fin présente au commencement et au cours de nos activités, à l'origine de nos choix, de nos décisions et de nos déclarations, c'est un principe aux applications multiples dans la vie quotidienne.

Par exemple, concernant le respect de la vie dès le moment de la conception : pourquoi respecter et défendre la vie à ce stade premier ? Parce que, dès ce moment, commence l'existence d'un être humain appelé à partager la vie même de Dieu.

Autre exemple : une personne qui vient demander le baptême. Dès ce moment, elle sera instruite de ce que cela va signifier pour elle (des exigences, des solidarités, des joies, une longue préparation à cette nouvelle vie...).

Vivre selon la raison, c'est aussi avoir des convictions.

Le travail pastoral de François de Sales, au niveau des groupes ou des personnes qu'il accompagne, vise à faire acquérir des convictions. Il veut que les chrétiens soient des personnes convaincues, afin de ne pas se laisser « ballotter et emporter à tout vent de doctrine » (Ep 4,14-16) et d'être capables, au contraire, de « rendre compte de l'espérance qui est en eux » (1 P 3,13-17).

C'est le but de ses sermons, nombreux et nourris de la Parole de Dieu et de l'enseignement des Pères et Docteurs de l'Eglise. C'est le but de ses milliers de lettres — dont un peu plus de deux mille ont été conservées — à des personnes très diverses : chrétiennes et chrétiens de toutes conditions dans le monde, religieuses et religieux, prêtres, évêques. Le P. Ravier en a publié un certain nombre sous le titre de *Lettres d'amitié spirituelle* (« Bibliothèque européenne », Desclée de Brouwer, 1980). Dans la préface de son livre, le père note qu'« il est peu de lettres de François de Sales qui ne se réfèrent aux choses de la foi et ne s'en inspirent », même quand il s'agit de « lettres d'affaires, de convenances ou de fonction » (p. VIII).

C'est le but des « traités » qu'il écrit à l'usage des prêtres, pour les aider à prêcher, à faire le catéchisme, à confesser, à célébrer la messe avec foi et dignité.

C'est le but du « catéchisme » rédigé pour les filles qui entrent à la Visitation, et qui ont besoin d'affermir les bases élémentaires de leurs connaissances religieuses. Une veille de Noël (1620), il leur dira : « Mon dessein est de vous faire (dans ce sermon) un petit catéchisme auquel je veux vous parler de l'Incarnation... car comment pouvons-nous méditer ce que nous ne connaissons pas ? C'est pour cela qu'en ces maisons (de la Visitation) l'on enseigne le catéchisme aux novices, afin qu'elles sachent ce qu'elles doivent croire et comment elles doivent entendre ce qu'elles méditent » (*EA* IX, 447).

C'est le but de l'*Introduction à la Vie dévote*, ce manuel du chrétien dans le monde. Dès la première partie, François veut « convertir le *simple désir* de Philothée (de vivre l'Evangile) en une *entière résolution* ».

Ce souci de formation se retrouve aujourd'hui parmi les chrétiens de tous les pays. Le Concile Vatican II en a redit la nécessité, et la plupart des églises locales ont mis sur pied des programmes de formation pour adultes, en plus des moyens habituels de la prédication, de la catéchèse et des diverses possibilités offertes par des communautés, des groupes ou des mouvements. Cette formation n'est jamais purement intellectuelle, elle est toujours à la fois doctrinale, spirituelle et pastorale.

Pour devenir des personnes convaincues, il faut, en effet, passer par un processus d'*étude*, de *prière* et de *pratique*. Ainsi la connaissance n'est pas seulement intellectuelle, mais expérimentale et vitale. Si on suit le processus complet, on peut acquérir des convictions solides et durables, parce qu'elles sont raisonnées, priées et vécues. On peut alors parler et témoigner.

On le fera toujours « avec respect et douceur, en possession d'une bonne conscience » (1 P 3,16). C'est sans doute ce qui distingue une personne convaincue — comme l'était François de Sales — d'une personne obstinée et doctrinaire : l'humilité de son témoignage, l'ouverture à l'autre en tout ce qui n'est pas incompatible avec l'Evangile, l'affirmation tranquille et respectueuse de sa propre conviction.

Bernadette de Lourdes devant ses juges est un bel exemple de conviction, sans entêtement ni dureté. Priée de répéter plusieurs fois le récit des apparitions, pour voir si elle ne se contredirait pas, fatiguée, elle finit par dire à ces messieurs importants qui la questionnent : « La Sainte Vierge ne m'a pas chargée de vous faire croire, elle m'a seulement demandé de *vous dire* ce que j'ai vu et entendu. »

Ce témoignage fait écho à celui des Apôtres, priés de tempérer l'ardeur qu'ils mettaient à parler de Jésus ressuscité : « Nous ne pouvons pas ne pas dire ce que nous avons vu et entendu » (Ac 4,20).

Vivre selon la raison, c'est parvenir à un équilibre. L'équilibre salésien apparaît, en effet, comme une expression et un résultat de ce « vivre selon la raison ». Equilibre entre le cœur et la raison, équilibre entre la foi et la raison, équilibre dans nos rapports avec les autres, équilibre de la vie morale tout entière. François de Sales offre une « harmonieuse synthèse de vertus » dans sa propre vie, et il permet à ceux qui le veulent d'acquérir une harmonie.

L'équilibre entre le cœur et la raison est notable dans

la vie même de François de Sales. Les réactions lors du décès de sa petite sœur ou de sa mère ou de personnes aimées, sont révélatrices. Il écrit à une dame dont la sœur vient de mourir : « Je n'ai garde de vous dire : Ne pleurez pas. Non, car il est bien juste et raisonnable que vous pleuriez un peu ; mais un peu... et non pas toutefois beaucoup... Nous ne saurions empêcher notre pauvre cœur de ressentir la condition de cette vie et la perte de ceux qui étaient nos délicieux compagnons en elle, mais il ne faut pourtant pas démentir la solennelle profession que nous avons faite de joindre inséparablement notre volonté à celle de notre Dieu » (Ravier, *op. cit.*, pp. 462-463).

En dehors même de la foi, dans laquelle s'exprime ici l'équilibre entre les sentiments et la volonté profonde, il faut viser à ce que la raison contrôle et guide les sentiments, les désirs, les passions et les émotions, car elle est « la reine de toutes nos facultés ».

Commentant l'évangile de Luc 11,17 (« Tout royaume divisé contre lui-même court à sa ruine »), François en fait cette application au domaine intérieur de chaque être humain : l'unité dont parle ici Jésus est, entre autres, « l'union qu'il nous faut avoir en nous-mêmes, au royaume que nous avons en notre intérieur, *dont la raison doit être la reine,* à laquelle toutes les facultés de notre esprit, tous nos sens et notre corps même doivent demeurer absolument assujettis ; car, sans cette obéissance et soumission, nous ne pouvons nous empêcher de la désolation et du trouble » (sermon du 27 février 1622, *EA* X, 265).

L'équilibre entre la foi et la raison apparaît aussi constamment dans la vie et l'enseignement de François de Sales, en particulier dans ses discussions avec les calvinistes. Raison et foi ne peuvent se contredire, puisqu'elles ont toutes deux leur origine en Dieu, elles « sont filles d'un même Père » : c'est lui qui nous donne la raison pour être hommes et savoir que Dieu existe et la foi pour être chrétiens et savoir que Dieu est le Père de Notre Seigneur Jésus Christ.

« Dieu est auteur en nous de la raison naturelle, et ne hait rien de ce qu'il a fait (Sg 11,25), si bien que, ayant marqué notre entendement (notre intelligence) de cette sienne lumière (Ps 4,7), il ne faut pas penser que l'autre lumière surnaturelle qu'il donne aux fidèles, combatte ou soit contraire à la naturelle ; elles sont filles d'un même Père... elles donc peuvent et doivent demeurer ensemble comme sœurs très affectionnées. Soit en nature soit sur nature, la raison est toujours raison, et la vérité, vérité... » (*Controverses*, ch. 8).

Il n'y a donc pas à opposer raison et foi, connaissance « naturelle » et connaissance « surnaturelle », raison et théologie. La foi va au-delà de ce que peut faire découvrir l'intelligence humaine, mais ne la contredit pas et ne la supprime pas. Si elle voulait le faire, elle tomberait dans le « fidéisme », que l'Eglise catholique n'a jamais reconnu comme faisant droit à Dieu et à l'homme.

« La théologie ne détruit pas l'usage de la raison, elle le présuppose ; elle ne le ruine pas, quoiqu'elle le devance » (*Etendard* 2,1 ; *EA* II, 35).

Chacune des deux appréhende la vérité avec sa capacité propre. L'œil qui scrute cette vérité est unique : c'est l'homme. La vérité qu'il découvre à la lumière de son intelligence et à la lumière de sa foi, est unique elle aussi, car « la vérité n'est jamais contraire à soi-même ».

Il ne faut donc pas faire de procès entre la science et la foi, entre la raison et la théologie, mais plutôt chercher leurs points de rencontre et l'aide mutuelle qu'elles peuvent s'apporter.

L'équilibre entre cœur et raison est aussi à *vivre dans nos rapports les uns avec les autres.* Souvent ces rapports sont régis par la sympathie ou l'antipathie, par les passions diverses qui nous habitent, par des préjugés ou des impressions... La raison nous permet d'aller au-delà et de voir les personnes et les événements de façon plus juste, parce que plus objective. Au lieu de « deux cœurs », l'un doux pour nous-mêmes, l'autre dur pour les autres, nous pouvons arriver peu à peu à n'avoir qu'un seul cœur « royal, égal et raisonnable ». François préconise ici une méthode sûre : « Mettez-vous toujours en la place du prochain, et mettez-le en la vôtre, et ainsi vous jugerez bien » ; et une révision de vie habituelle : « Examinez souvent votre cœur s'il est tel envers le prochain comme vous voudriez que le sien fût envers vous si vous étiez en sa place, car voilà le point de la vraie raison » (*IVD* 3,36).

Lorsqu'il y a lieu de faire des remarques ou de corriger quelqu'un, c'est encore la méthode « raisonnable » que demande François. Si on fait une réflexion sous le coup de la colère ou du dépit, même si la réflexion est juste, l'autre personne risque de mal la prendre. En effet, « on ne prise pas tant la correction qui sort de la passion, quoique accompagnée de raison, que celle qui n'a aucune autre origine que la raison seule : car l'âme raisonnable étant naturellement sujette à la raison, elle n'est sujette à la passion que par tyrannie : et partant, quand la raison est accompagnée de la passion elle se rend odieuse... » (*IVD* 3,8). Car alors, elle force l'autre à plier et à capituler : il sera peut-être vaincu, mais pas nécessairement convaincu.

Agir par raison suppose une grande force intérieure,

un contrôle serein de ses passions. Courage et maîtrise de soi sont nécessaires pour vivre paisiblement des situations comme celle qu'évoque une lettre du 26 avril 1617 à Mme Le Blanc de Mions, dont le mari est volage. Pour éviter des indiscrétions, la lettre est écrite à la troisième personne : « Je lui ai dit qu'elle pouvait parler fortement et résolument, dans les occasions où il est requis, pour retenir en devoir la personne qu'elle sait ; mais que la force était plus forte quand elle était tranquille et qu'on la faisait naître de la raison, sans mélange de passion... » (Ravier, *op. cit.*, p. 615).

On admire la trempe de caractère de cette femme et la maîtrise que François de Sales l'aide à acquérir.

Enfin, *l'équilibre — ou « perfection » — de la vie morale dépend de la raison et de la charité.* Dans le domaine de la vie « naturelle », tout se tient. « Si un homme est blessé au pied ou au bras, tout le reste en est incommodé, ému, occupé et altéré ; si nous avons mal à l'estomac, les yeux, la voix, tout le visage s'en ressent. »

Dans le domaine de la vie « morale » aussi, tout se tient. Les vertus — que François de Sales définit comme une « force et vigueur de l'âme » — se tiennent toutes. Bien sûr, on peut ne pas les posséder toutes au même degré ni toutes ensemble. Cela signifie que l'on n'est pas encore parvenu à l'harmonie à laquelle tend toute vie humaine pour être pleinement épanouie.

Ce qui va permettre aux vertus de croître et de s'assembler harmonieusement, c'est la raison. Elle joue en l'homme le rôle du fleuve symbolique du jardin de la Genèse qui arrosait l'ensemble du paradis terrestre. « "Un fleuve sortait du lieu de délices pour arroser le Paradis terrestre, et de là se séparait en quatre chefs" (Gen 2,10). Or l'homme est en un "lieu de délices'', où Dieu fait sourdre le ''fleuve'' de la raison et lumière naturelle pour arroser tout le paradis de notre cœur » (*TAD* 11,8).

« La raison est comme l'âme de notre cœur. » C'est elle qui permet d'acquérir les vertus les unes après les autres. « Elle s'empare tantôt d'une passion, tantôt de l'autre, pour la modérer et gouverner. » Ainsi, peu à peu, la vie morale se fortifie.

« La raison est la vie de notre âme » : « elle n'est jamais satisfaite ni à son aise dans une âme, qu'elle n'occupe et possède toutes ses facultés et passions ; et lorsqu'elle est offensée et blessée en quelqu'une de nos passions ou affections, toutes les autres perdent leur force et vigueur, et s'alangourissent étrangement. »

On pourrait dire que la raison est l'agent de coordination de la vie morale. C'est elle qui fait tenir ensemble et grandir les diverses vertus, et en particulier les quatre qui sont considérées comme les piliers d'une vie harmonieuse (comme les quatre courants du fleuve de la Genèse) : la prudence, la justice, la force et la tempérance. La vie est boiteuse si l'une ou l'autre manque car « une vertu n'est pas vertu parfaite si elle n'est accompagnée de toutes les autres ».

Le chrétien, comme tout homme « raisonnable », tâche de mener sa vie dans cette lumière, sous la conduite de la raison. Il croit aussi qu'il reçoit de Dieu, gratuitement, un amour appelé « charité » qui irrigue tout son être et assure l'harmonie et la croissance de toutes ses vertus.

« La charité est entre les vertus comme le soleil entre les étoiles : elle leur distribue à toutes leur clarté et beauté. La foi, l'espérance, la crainte et pénitence viennent ordinairement devant elle en l'âme pour lui préparer le logis ; et comme elle est arrivée, elles lui obéissent et la servent comme tout le reste des vertus, et elle les anime, les orne et vivifie toutes par sa présence » (*TAD* 11,9).

On trouve là un écho de saint Paul aux Corinthiens (1 Co 13,1-13) : « Si je n'ai pas la charité, je ne suis rien... La charité ne passera jamais... »

Au terme de ces deux chapitres sur le cœur et la raison, on peut mieux comprendre le bien-fondé de la méthode salésienne qui consiste à développer en chacun les aspects sous-développés de sa personnalité. François de Sales dit à peu près ceci : « Si vous êtes plutôt du genre intellectuel, rationnel, logicien, il vous sera utile de cultiver le côté cordial, affectif, intuitif. Si, au contraire, vous êtes affectueux, "affectif", émotif et sensible, il vous sera utile de cultiver le côté rationnel et raisonnable. Si vous êtes lent, nonchalant, il faudra vous secouer, vous pousser. Si vous êtes rapide et très actif, il faudra peut-être ralentir votre rythme... » De cette façon, chacun a des chances d'arriver à un meilleur équilibre. Car, si nous suivons seulement notre tendance naturelle, nous risquons fort d'accentuer nos manques et nos défauts et de déséquilibrer nos vies, en ayant des secteurs sur-développés et d'autres sous-développés. Promouvoir ces derniers et contrôler les autres peut en revanche rendre la vie plus harmonieuse et plus pleine.

3

Une mémoire en éveil

Il faut commencer par le cœur, car il est la source de nos actions. Un cœur qui soit éclairé par la raison. Ajoutons : un cœur qui se souvient. Une mémoire toujours en éveil : c'est un troisième aspect de la pédagogie de François de Sales. Par là, il exprime une réalité biblique et une expérience humaine et chrétienne. Rien d'étonnant chez cet homme si proche de tous et tellement « pénétré de la sainte Ecriture qu'elle est plus que la règle de ses pensées, elle en est devenue la substance » (Jean-Paul II, Annecy, 7 octobre 1986).

Une réalité biblique

L'attention à la « mémoire » est très biblique. Les textes de la Bible sont nombreux qui parlent de se souvenir et de faire mémoire. Il suffira ici d'en relever quelques-uns.

Au premier livre des Rois (3,6-9), on trouve la belle prière de Salomon pour demander « le discernement, l'art d'être attentif et de gouverner ». Avant de faire sa demande, Salomon « fait mémoire » de l'amour bienveillant de Dieu envers son père David : « *Tu as témoigné* une grande bienveillance à ton serviteur David, mon père… *Tu lui as gardé* cette grande bienveillance et tu as permis qu'un de ses fils soit aujourd'hui assis sur son trône… » S'appuyant sur cette fidélité de l'amour de Dieu, le jeune Salomon demande alors pour lui-même « un cœur qui écoute ». Car seul un homme de cœur attentif aux signes de Dieu dans l'histoire passée et attentif à sa présence aimante dans l'aujourd'hui, est capable de « discerner le bien et le mal » et de « gouverner le peuple » de Dieu.

Le Deutéronome répète avec insistance deux mots d'ordre : « Souviens-toi » et « N'oublie pas », en particulier dans les chapitres 5 à 9.

« Ecoute, Israël… Que ces paroles que je te dicte aujourd'hui restent *gravées dans ton cœur…* » (6,6). Invitation à garder vivantes les paroles du Dieu vivant.

Et le merveilleux chapitre 8 qui fait revivre toute l'expérience de l'Exode et du Désert : « *Souviens-toi* des marches que Yahvé ton Dieu t'a fait faire pendant quarante ans dans le désert, afin de t'humilier, de t'éprouver et de *connaître le fond de ton cœur… Garde-toi d'oublier* Yahvé ton Dieu… (Et quand tu seras dans l'abondance de la Terre promise, avec nourriture, maison et argent), que cela n'élève pas ton cœur ! *N'oublie pas* alors Yahvé ton Dieu qui t'a fait sortir du pays d'Egypte, de la maison de servitude. Garde-toi de dire en ton cœur : "C'est ma force, c'est la vigueur de mes mains qui m'ont procuré ce pouvoir." *Souviens-toi* de Yahvé ton Dieu : c'est lui qui t'a donné cette force… Souviens-toi. N'oublie pas… » (9,7).

Les Psaumes sont remplis des souvenirs des merveilles de Dieu dans la vie de son peuple et dans la vie de chaque croyant. Par exemple :

Le psaume 39 (40) : « Tu as fait pour nous tant de choses, toi, Seigneur, mon Dieu ! Tant de projets et de merveilles : non, tu n'as point d'égal ! Je les dis, je les redis encore ; mais leur nombre est trop grand !... »

Le psaume 43 (44) : « Dieu, nous avons entendu dire, et nos pères nous ont raconté quelle action tu accomplis de leur temps, au jour d'autrefois... »

Sur Marie les évangiles sont discrets. Ils nous disent surtout qu'elle écoutait et se souvenait dans la prière. Après la visite des bergers, « elle conservait avec soin tous ces souvenirs et les méditait dans son cœur » (Lc 2,19). Après le pèlerinage à Jérusalem et l'épisode de Jésus au Temple, « sa mère gardait fidèlement tous ces souvenirs en son cœur » (Lc 2,51).

De Jésus enfin, les évangiles nous ont laissé comme testament ces paroles que l'Eglise répète chaque jour à la messe et qui sont au cœur de sa liturgie : « Faites ceci en mémoire de moi » (Lc 22,19). L'Eglise vit de cette « mémoire ».

Une réalité humaine et chrétienne

Si la « mémoire » est si présente dans la Bible, c'est qu'elle est une composante essentielle de l'être humain et de l'être chrétien.

Un être humain sans mémoire est un être mutilé. Nous le savons, si nous avons expérimenté ou expérimentons des « trous de mémoire » dus à une maladie ou à l'âge, ou si nous sommes en contact avec des personnes « qui oublient ». Ces « absences » sont douloureuses, car les personnes sentent un manque : manque de lien entre hier et aujourd'hui, incapacité de rejoindre l'interlocuteur dans son récit ou dans l'évocation des personnes, des lieux, des temps. Une vie humaine est, en effet, une succession de faits, d'événements, de rencontres… qui ont des liens entre eux. C'est en les intégrant dans son histoire personnelle que l'être se construit chaque jour. La « mémoire » permet de faire cette intégration constructive et de repérer les constantes et les lignes de force de notre personnalité. Car elle nous met en contact avec nos racines, en même temps qu'elle nous fait découvrir le sens de notre histoire. Et ce discernement nous aide à croître vers une réalisation plus totale de nous-mêmes et à vivre un don de nous-mêmes dans une ligne précise.

Un chrétien sans mémoire est aussi un chrétien mutilé. Car le « mémorial » fait partie intégrante de notre être chrétien. Chaque jour, les chrétiens font mémoire de Jésus Christ mort et ressuscité : « Souviens-toi de Jésus Christ, ressuscité d'entre les morts… » (2 Tm 2,8). Oublier la réalité historique de Jésus, c'est réduire à néant, ou à un simple symbole, l'Incarnation du Fils de Dieu (« Le Verbe s'est fait chair ») et ne pas reconnaître Dieu comme l'Amour sorti de lui-même pour entrer dans l'histoire humaine et lui donner son sens.

François de Sales, avec une foi profonde et un grand talent, écrit dans le *Traité* : « Celui qui habitait en soi-même habite maintenant en nous, et Celui qui était vivant aux siècles dans le sein de son Père éternel fut par après mortel dans le giron de sa Mère temporelle ; Celui qui vivait éternellement de sa vie divine vécut temporellement de la vie humaine, et Celui qui jamais éternellement n'avait été que Dieu sera éternellement à jamais encore homme, tant l'amour de l'homme a ravi Dieu et l'a tiré à l'extase ! » (10,17).

Cette sortie de Dieu (« extase ») s'est produite un jour du temps, à Nazareth en Galilée, au moment où Marie a dit « oui » au messager de Dieu. Il n'y a pas de christianisme sans référence à cet « événement des siècles », comme on l'a appelé. Et « l'Eglise n'oublie pas qu'elle a commencé le jour où le Verbe s'est fait chair » (liturgie du 25 mars, l'Annonciation).

Cela met en évidence la nécessité pour les chrétiens de connaître l'histoire de l'Eglise, depuis sa fondation, et même dans son anticipation qu'est l'histoire du peuple choisi de l'Ancien Testament. Sinon, manquant de racines, ils risquent de s'étonner et de s'effrayer de ce qui se vit aujourd'hui, parce qu'ils ne savent pas que l'Eglise a vécu déjà des périodes difficiles et parfois tragiques à vues humaines (l'époque de François de Sales n'était pas particulièrement calme ni facile) ; ou bien, ils risquent de vouloir bâtir une Eglise au gré du moment, sans référence à l'Eglise fondée par Jésus Christ et témoin du Seigneur jusqu'à nous, à travers ombres et lumières.

Certaines déclarations et positions extrémistes ou crispées de chrétiens n'auraient-elles pas leur source dans un manque de connaissance de l'histoire de l'Eglise et une incapacité à intégrer la vie de l'Eglise aujourd'hui à cette histoire ?

François de Sales aide les chrétiens à ne pas être amnésiques.

Il les invite à se souvenir

Homme de la Bible, théologien et spirituel, expert en humanité, il aide les chrétiens à marcher sur le chemin de l'Evangile, en se rappelant d'où ils viennent et ce qu'ils sont.

Pour commencer par le plus général, disons que François de Sales nous encourage à *nous souvenir des grâces de Dieu dans notre vie,* des cadeaux ou clins d'œil amicaux que Dieu fait aux hommes parce qu'il les aime. En effet, connaissant ces dons reçus, nous pourrons en être reconnaissants. Humblement — car l'action de grâce ne peut jaillir que d'un cœur humble, qui reconnaît sa dépendance —, nous pourrons rendre grâce et gloire à Dieu.

« Plusieurs ne veulent ni n'osent penser et considérer les grâces que Dieu leur a faites en particulier, de peur de prendre de la vaine gloire et complaisance ; en quoi certes ils se trompent ; car "puisque... le vrai moyen d'atteindre à l'amour de Dieu, c'est la considération de ses bienfaits, plus nous les connaîtrons plus nous l'aimerons..." » (*IVD* 3,5).

La mémoire des dons reçus, loin de s'opposer à une attitude d'humilité, la favorise plutôt : car elle aide chacun à s'accueillir comme un don de Dieu et à découvrir tout le bien qui est en soi comme un bienfait reçu :

« Il ne faut pas craindre que la connaissance de ce que Dieu a mis en nous nous enfle, pourvu que nous soyons attentifs à cette vérité, que ce qui est de bon en nous n'est pas de nous... Qu'avons-nous de bon que nous n'ayons reçu ?... La vive considération des grâces reçues nous rend humbles, car la connaissance engendre la reconnaissance... » (*IVD* 3,5).

C'est pourquoi, parmi les « méditations fondamentales » que propose l'*Introduction à la Vie dévote*, il y a cette troisième méditation sur les « bénéfices (bienfaits) de Dieu », qui se termine par une prière et la décision de vivre en harmonie avec les dons reçus :

« Admirez la bonté de Dieu. O que mon Dieu est

bon à mon endroit ! O qu'il est bon ! Que votre cœur, Seigneur, est riche en miséricorde et libéral en débonnaireté ! O mon âme, racontons à jamais combien de grâces il nous a faites...

« Remerciez Dieu de la connaissance qu'il vous a donnée maintenant de votre devoir, et de tous les bienfaits ci-devant reçus » (1,11).

Dans la même ligne, la fin de l'*Introduction* (5,2) contient une invitation à considérer l'amour prévenant de Dieu, capable d'émouvoir le cœur et de le stimuler à s'engager dans une réponse d'amour :

« Vous dormiez et Dieu veillait sur vous et pensait sur votre cœur "des pensées de paix", il méditait pour vous des méditations d'amour. »

Nous souvenir de notre dignité humaine et chrétienne fait partie de cette mémoire générale des grâces reçues de Dieu.

Notre dignité humaine, partagée par tous les hommes quels qu'ils soient, c'est d'être créés « à l'image et ressemblance de Dieu » (Gn 1,26). « Considérez l'être que Dieu vous a donné ; car c'est le *premier* être du monde visible, capable de vivre éternellement et de s'unir parfaitement à sa divine Majesté » (méditation sur la création, *IVD* 1,9).

Notre dignité chrétienne, c'est que nous sommes « enfants de Dieu » par le baptême (1 Jn 3,1), nous sommes « une création nouvelle » dans le Christ en qui nous croyons (2 Co 5,17). Il s'agit, pour les baptisés, de « revêtir l'Homme Nouveau, qui a été créé selon Dieu, dans la justice et la sainteté de la vérité » (Ep 4,17-24). Saint Paul le rappelle souvent aux membres des premières communautés chrétiennes :

« Vous avez revêtu l'homme nouveau... à l'image de son Créateur » (Col 3,9-10).

Connaître cette dignité et s'en souvenir rend *plus clairvoyant*, pour discerner, choisir, prendre position : « Cherchez à imiter Dieu, comme des enfants bien aimés... Discernez... Dénoncez les œuvres stériles des ténèbres... Sachez voir quelle est la volonté du Seigneur... » (Ep 5,1-20).

Cela rend aussi *plus fort* pour reconnaître, promouvoir et défendre la dignité de tout être humain dans tous les domaines de la vie : par exemple, conception et avortement, maladie ou vieillesse et euthanasie, intégrité humaine et torture ou mutilation, travail et chômage...

Cela pousse chacun à être *plus actif* dans ses engagements au service de l'homme et dans sa participation à la vie de l'Eglise. Car, en tant que « Corps du Christ », elle se construit, elle grandit jusqu'à atteindre la « taille adulte » déjà réalisée dans le Christ. Un membre conscient de sa dignité et de sa vocation ne peut rester passif, sous peine d'être inutile à lui-même et au corps tout entier (*cf.* Ep 2,19-22; 3,14-19; 4,11-16).

Cela aide chacun à *dépasser ses horizons* bornés et ses attitudes étroites de milieu, de classe, de caste, de couleur, de pays. Car, si l'on prend au sérieux cette « création nouvelle » que l'on est devenu, on doit croire que désormais ce qui est premier, ce n'est pas d'être américain, africain, asiatique, européen, de telle race, de telle couleur, de telle langue..., mais le fait d'être fils ou fille de Dieu. La nouveauté et la force du christianisme sont là, et notre faiblesse vient de ce que nous n'y croyons pas assez et n'en vivons pas suffisamment.

Nous souvenir de notre vocation commune et particulière est encore une façon de faire mémoire des merveilles de Dieu.

Notre vocation commune, c'est que nous sommes tous appelés à partager la vie même de Dieu, nous sommes tous appelés à la sainteté. Saint Paul commence plusieurs de ses lettres par le rappel de cette destinée merveilleuse. Ainsi la lettre aux Colossiens : « Avec joie, vous remercierez le Père qui vous a mis en mesure de partager le sort des saints dans la lumière. Il nous a en effet arrachés à l'empire des ténèbres et nous a transférés dans le Royaume de son Fils bien-aimé… » (1,12-14).

François de Sales est, parmi les maîtres spirituels, l'un de ceux qui ont le mieux mis en valeur cette vocation de tous les baptisés et de tous les hommes qui accueillent Dieu comme l'origine et le terme de leur vie. Sa méditation sur « la fin pour laquelle nous sommes créés » commence ainsi : « Dieu ne vous a pas mise en ce monde pour aucun dessein qu'il eût de vous…, mais seulement afin d'exercer en vous sa bonté, vous donnant sa grâce et sa gloire », c'est-à-dire sa vie en nous dès ce monde (la grâce) et sa vie en nous pour l'éternité (la gloire). « Et pour cela, il vous a donné l'intelligence pour le connaître, la mémoire pour vous souvenir de lui, la volonté pour l'aimer, l'imagination pour vous représenter ses bienfaits, les yeux pour voir les merveilles de ses ouvrages, la langue pour le louer, et ainsi des autres facultés. »

Et la méditation se termine sur l'invitation à « remercier Dieu qui vous a faite pour une fin si excellente » (*IVD* 1,10).

Notre vocation particulière : chacune, chacun reçoit

un appel particulier du Seigneur, pour vivre et servir comme laïc, comme diacre ou prêtre, comme religieux ou religieuse, comme missionnaire. C'est ce qu'on appelle la vocation propre à l'intérieur du Corps du Christ. Ces principaux « états de vie » et « ministères » peuvent eux-mêmes être traversés par d'autres appels personnels : à vivre telle spiritualité, à choisir tel type d'apostolat, etc. Car les dons de l'Esprit sont variés.

Nous rappeler notre vocation propre, nous fait nous émerveiller de l'amour de Dieu et nous conforte dans la réponse à donner chaque jour à cet appel. Car le rappel des grâces reçues pousse à une plus grande fidélité dans le présent et sert de stimulant pour l'avenir.

« C'est pourquoi, écrit Paul à Timothée, je t'invite à raviver le don que Dieu a déposé en toi par l'imposition de mes mains » (2 Tm 1,6).

L'espérance confiante de Paul pour ses Philippiens est enracinée dans le rappel de l'amour fidèle de Dieu pour eux : « Je rends grâce à mon Dieu chaque fois que je fais mémoire de vous... Celui qui a commencé en vous cette œuvre excellente en poursuivra l'accomplissement jusqu'au Jour du Christ Jésus » (1,3-6 et 3,7-16).

Méditant ainsi sur la grâce que Dieu nous fait en nous appelant à son service, nous saurons mieux, avec François de Sales, que nous y avons été appelés « par les doux attraits du Saint-Esprit », et que « les cordes avec lesquelles Dieu tira notre petite barque à ce port salutaire furent des cordes d'amour et de charité » (*IVD* 5,2).

Quelle conclusion en tirer ? « Il faut simplement conclure par action de grâce et une prière affectionnée d'en bien profiter, se retirant avec humilité et grande confiance en Dieu » (5,2).

Se souvenir de toutes les grâces reçues est une aide dans les moments de difficulté, d'obscurité, de sécheresse. En effet, si nous nous souvenons que Dieu *a été* avec nous dans telle circonstance de notre vie passée, qu'il a toujours été présent et nous a montré son amour à chaque étape de la route, nous croyons aussi qu'il *est* avec nous, aujourd'hui, aussi réellement qu'hier. Et nous croyons que, demain, il *sera* encore avec nous. Car il ne peut varier ni se renier lui-même (2 Tm 2,13). Son nom est : « Il est, Il était et Il vient », et Jésus Christ, son Fils, est son « Témoin fidèle » (Ap 1,4-5).

Le souvenir des lumières passées nous permet d'avancer dans l'obscurité présente, et ces points de lumière du passé nous assurent que la lumière ne nous manquera pas dans l'avenir. Le souvenir de la « consolation » de tel temps fort de notre vie d'hier nous permet de vivre la « désolation » d'aujourd'hui et d'affronter avec courage celle de demain.

A la manière de Paul (Ph 3,12-14), François de Sales s'appuie sur son passé pour se projeter en avant avec une confiance totale.

« Ne vous souciez pas du lendemain », écrit-il à la supérieure de la Visitation de Grenoble. « Quant à votre chemin, Dieu qui vous a conduit jusqu'à présent vous conduira jusqu'à la fin » (*EA* XIX,255).

Ses conseils à « Philothée » sont toujours de saison. Sachant que la vie est dans le mouvement et que l'homme, qui est comme « un abrégé du monde », n'est jamais en un même état, il nous apprend à vivre un équilibre basé sur la confiance en Dieu qui ne change pas. C'est ce qui assure constance et continuité à notre vie :

« C'est un grand avertissement que celui-ci : il nous faut tâcher d'avoir une continuelle et inviolable *égalité de cœur* en une si grande inégalité d'accidents (événements), et quoique toutes choses se tournent et varient diversement autour de nous, il nous faut demeurer constamment immobiles à toujours regarder, tendre et prétendre à notre Dieu... Il faut qu'à jamais et toujours la pointe de notre cœur, notre esprit, notre volonté supérieure, qui est notre boussole, regarde incessamment et tende perpétuellement à l'amour de Dieu son Créateur, son Sauveur, son unique et souverain Bien... » (*IVD* 4,13).

★

Ainsi, « faire mémoire » ne conduit pas à vivre dans un passé révolu, avec nostalgie, mais nous encourage à vivre à fond le présent et, par là, à préparer l'avenir. Car l'avenir se prépare et se dévoile à travers la fidélité au présent.

La profession de foi quotidienne de l'Eglise exprime toujours ensemble les trois temps du passé, du présent et de l'avenir : « Nous proclamons ta mort, Seigneur Jésus ; nous célébrons ta résurrection ; nous attendons ta venue dans la gloire », ou « Gloire à toi qui étais mort ; gloire à toi qui es vivant ; viens, Seigneur Jésus ! »

A sa manière, François de Sales fait le lien entre les trois temps du Mystère du Christ et les trois temps de l'existence humaine : puisque nous avons décidé, un jour, de servir Dieu pour toujours, que cette décision anime notre agir présent, et demain nous serons prêts à continuer :

« Ayons un ferme et général propos de vouloir servir Dieu de tout notre cœur et toute notre vie ; au bout de là, n'ayons pas soin du lendemain. Pensons seulement à bien faire aujourd'hui ; et quand le jour de demain sera arrivé il s'appellera aussi aujourd'hui, et alors nous y penserons » (lettre du 22 juillet 1603, *EA* XII,205).

4

Un cœur de disciple

Il faut commencer par le cœur, un cœur éclairé et guidé par la raison, un cœur qui se souvienne. Cela suppose un cœur toujours disponible et un être toujours « à l'école ».

Après avoir insisté sur la primauté de l'intériorité, François de Sales affirme la nécessité de se laisser enseigner : « Ce cœur même par lequel nous voulons commencer, requiert qu'on l'instruise comment il doit former son train et maintien extérieur, afin qu'on y voie » un reflet de l'Evangile et « une grande sagesse et discrétion » : discrétion, au sens habituel et au sens de discernement (*IVD* 3,23).

Apprendre

Pour François de Sales, apprendre, et donc se faire instruire, est une nécessité de l'être humain et de l'être chrétien.

L'être humain, qui est fini et limité par nature, ne

peut se réaliser pleinement sans s'ouvrir à plus grand que lui, dans le domaine de la connaissance comme dans celui de l'amour. Aucun d'entre nous n'a une connaissance complète du cosmos et de l'histoire, des sociétés humaines, de la personne des autres et de sa propre personne. Nous avons toujours besoin d'apprendre.

Le chrétien, quelles que soient sa vocation et sa mission dans l'Eglise, est toujours un « disciple ». Elle vaut pour tous, la parole de Jésus devant le petit groupe de ceux qui le suivent : « Apprenez de moi, mettez-vous à mon école... » (Mt 11,29). Car aucun chrétien ne peut penser être un apôtre sans être un disciple. Et aucun ne peut jamais penser avoir épuisé les richesses de la personne et de l'œuvre de Jésus Christ. Pour connaître Jésus, il faut se mettre et rester à son école. Pour parler de lui à d'autres, il faut demeurer constamment à son écoute.

La vie chrétienne est un long chemin jamais achevé ici-bas. Il faut donc « cheminer perpétuellement », sans s'arrêter. Et « il faut toujours recommencer et recommencer de bon cœur », car « ce n'est jamais fait », le but n'est jamais atteint.

Parce qu'il en est très conscient, François ne cesse de répéter qu'« il n'y a point de meilleur moyen pour bien achever la vie spirituelle que de toujours recommencer et ne penser jamais avoir assez fait » (Lettre, *EA* XIV,22).

On peut appliquer à tout chrétien et à tout groupe de chrétiens ce qu'il dit aux sœurs de la Visitation : personne ne peut penser être « parfait tout de suite » ; ce qui compte, c'est de « tendre à la perfection ». Pas plus que les autres congrégations, la Visitation « n'est une assemblée de filles parfaites, mais de filles qui tendent et prétendent à la perfection ; c'est une école où l'on vient apprendre les moyens » pour répondre à l'appel du Christ. Ce qui est demandé à chaque sœur, comme à chaque chrétien, c'est « d'avoir la volonté ferme et constante de prendre les moyens de nous perfectionner » (*Entretiens spirituels* XVII, Pléiade, p. 1246).

C'est cette conviction — que le chrétien est toujours disciple — qui a conduit François de Sales à prêcher en toutes circonstances, dans son diocèse et au-dehors, à écrire de si nombreuses lettres, à faire ses « entretiens » familiers avec les sœurs de la Visitation d'Annecy, à visiter son diocèse, à convoquer chaque année ses prêtres en synode, à écrire des manuels pour catéchistes et confesseurs, à mettre en livres ses enseignements épars (spécialement l'*Introduction à la Vie dévote* et le *Traité de l'Amour de Dieu*). Les feuillets qu'il rédigea pendant sa mission au Chablais, pour expliquer la foi catholique aux calvinistes, sont aussi le fruit de sa volonté d'instruire. Ils seront, plus tard, regroupés sous le titre de *Controverses*. François les appelait plus légitimement des « méditations sur l'Eglise ».

Les papes ont reconnu cette marque particulière du pasteur François de Sales et sa capacité à enseigner la foi catholique et le chemin de la sainteté.

Au moment de le nommer évêque coadjuteur de Mgr de Granier, à Annecy, le pape Clément VIII demande à l'entendre, devant tout un groupe de cardinaux, d'évêques et de théologiens. François répond si bien aux trente-cinq questions difficiles qui lui sont posées, que le pape vient vers lui, l'embrasse et lui dit, en citant le livre des Proverbes : « Mon fils, buvez l'eau de votre citerne, l'eau jaillissante de votre puits ! Que vos fontaines coulent au-dehors et vos ruisseaux sur les places publiques » (Pr 5,15-16). Paroles significatives, prononcées à Rome, le 22 mars 1599.

Deux cent soixante-dix-huit ans plus tard, le 16 novembre 1877, le pape Pie IX célèbre la popularité de son œuvre spirituelle et la solidité, la profondeur, la clarté, la sûreté de ses œuvres théologiques, et le proclame « Docteur de l'Eglise », le premier de langue française.

Le 23 janvier 1923, le pape Pie XI veut marquer le troisième centenaire de la mort de François de Sales (28 décembre 1622) par la publication d'une Encyclique (*Rerum omnium*) sur ce « saint éminent » qui a « non seulement excellé dans la pratique de toutes les vertus ; mais encore formulé les principes et la méthode de sanctification ».

Le 29 janvier 1967, le pape Paul VI, à son tour, veut célébrer le quatrième centenaire de la naissance de François de Sales. Il écrit une Lettre apostolique sur celui qu'il qualifie de « perle » ou « fleuron de la Savoie ». En lui « nous possédons un maître », « le Docteur de l'amour divin et de la douceur évangélique ».

Avec François de Sales, il est donc possible d'avancer sur le chemin de l'Evangile. Car il nous offre les moyens de vivre en disciples. Il nous apprend à apprendre.

Apprendre de Jésus Christ

C'est lui, en effet, le Maître, « le seul Maître » (Mt 23,10), celui qui peut dire à tout homme : mets-toi à mon école, « car je suis doux et humble de cœur » (Mt 11,29).

Si l'on se met à cette école, on n'en finit pas d'apprendre. Car Jésus est « la Vérité » et cette Vérité ne peut être épuisée par la recherche et la découverte de l'homme. A l'école de Jésus, ceux qui cherchent trouvent et ceux qui ont trouvé continuent à chercher.

« D'où part notre marche ? Quelle voie allons-nous suivre ?... Et quelle fin donner à notre itinéraire ? » se demandait le pape Paul VI en ouvrant la deuxième session du Concile Vatican II. « Trois questions, capitales dans leur extrême simplicité, mais une seule réponse... C'est le Christ, le Christ qui est notre principe, le Christ qui est notre voie et notre guide, le Christ qui est notre espérance et notre fin. »

On trouve dans ces paroles un écho de celles que François de Sales disait à des Visitandines au moment de leur départ d'Annecy pour aller fonder une nouvelle communauté. Dans la maison qu'elles laissent, Jésus était le Maître, « le Roi » ; il le sera dans leur nouvelle maison. Elles n'ont pas à craindre que quelque chose leur manque, car il sera toujours avec elles tant qu'elles ne choisiront pas un autre maître. Il les invite seulement à se tenir « le plus près de lui qu'il (leur) sera possible » et à rester à son écoute : « Apprenez de lui tout ce que vous aurez à faire, ne faites rien sans son conseil, car c'est l'Ami fidèle qui vous conduira, gouvernera et aura soin de vous » (*Entretiens* XVI, « Des fondations », Pléiade, pp. 1233-1234).

Tout apprendre de Jésus : voilà bien la condition du « disciple » chrétien. François exprimera ce « tout » en deux attitudes fondamentales demandées par Jésus lui-même : la douceur et l'humilité. Ce verset 29 du chapitre 11 de saint Matthieu est, en effet, le seul passage de l'Evangile où Jésus dit expressément : « Apprenez de moi, mettez-vous à mon école. » Une phrase que François ne se lassera pas de reprendre ; comme dans cette lettre du 28 juin 1605 à Mme de Limojon : « Souvenez-vous de la leçon principale, laquelle il nous a laissée en trois mots, afin que nous ne l'oubliions jamais et que, cent fois le jour, nous la puissions répéter : "Apprenez de moi, dit-il, que je suis doux et humble de cœur." *C'est tout*, en somme, d'avoir le cœur doux à l'endroit du prochain et humble à l'endroit de son Dieu. »

Plusieurs lettres et sermons renvoient à ces « deux chères et bien-aimées vertus qui reluisaient en la Personne sacrée de Notre Seigneur » et qu'il « nous a singulièrement recommandées » (*IVD* 3,8).

Apprendre les uns des autres

François de Sales a une vive conscience de l'aide mutuelle que les personnes et les groupes peuvent s'apporter pour chercher la vérité. Il sait lui-même tout ce qu'il doit aux philosophes grecs et latins, aux théologiens et aux maîtres spirituels. Pendant ses études à Paris, le Père Génébrard, bénédictin, le marquera beaucoup par son commentaire du *Cantique des Cantiques.* A Padoue, il choisira comme directeur spirituel le Père Possevin, jésuite, qui l'aidera à orienter définitivement sa vie vers la prêtrise. L'Italien Lorenzo Scupoli, avec son *Combat spirituel*, influencera François de Sales dans sa conception du pur amour : faire en tout, ce qui plaît à Dieu ; soumettre au « bon plaisir » de Dieu le cœur et la volonté de l'homme. Il conseillera lui-même ce livre à des amis et correspondants.

Ces quelques exemples illustrent une démarche liée à la constatation d'un fait : aucun être humain ne peut posséder toute la lumière et toute la vérité ; ensemble, nous pouvons mieux nous approcher de la vérité : la vérité sur Dieu, la vérité sur l'homme en général et sur chacun de nous en particulier.

C'est un fait, qu'exprime la déclaration de Vatican II sur la liberté religieuse : « La vérité doit être cherchée, selon la manière propre à la personne humaine et à sa nature sociale, à savoir par une libre recherche, par le moyen de l'enseignement ou de l'éducation, de l'échange et du dialogue par lesquels les uns exposent aux autres la vérité qu'ils ont trouvée ou pensent avoir trouvée, afin de s'aider mutuellement dans la quête de la vérité » (*Dignitatis Humanae* 3).

L'enseignement, l'échange, le dialogue font partie intégrante de la vie de François. Il passe des heures à lire et à écrire des lettres, à prêcher et à partager « en devis familiers », à écouter des visiteurs ou des plaignants : il est dit que, certains jours, il passe six ou sept heures d'affilée à écouter et à réconcilier des gens qui se disputent.

Il invite ainsi à recevoir des autres, en les écoutant, et à donner aux autres, en leur partageant ce que nous avons découvert.

Cela se fait dans les conversations et les relations de la vie quotidienne ; dans les rencontres, réunions, sessions de divers types ; à travers les livres, les revues et les divers médias. Les occasions ne manquent guère.

L'important, pour apprendre, c'est d'être dans une attitude intérieure amicale. On ne peut, certes, pas être vraiment ami avec tout le monde. Car l'amitié profonde ne peut se vivre qu'avec un nombre restreint de personnes. Mais on peut — et c'est la condition pour apprendre — développer en soi une attitude amicale envers toute personne et tout groupe.

Cette attitude n'exclut pas le discernement, bien sûr, ni la possibilité d'exprimer un désaccord ou de faire des mises au point. Mais, si l'on veut recevoir et si l'on veut donner, il faut cultiver en soi des dispositions amicales. Car l'amitié porte à la communication et elle suppose la communication.

Heureux ceux qui savent écouter avec un cœur bienveillant : ils en apprendront des choses !

Heureux sommes-nous si nous croyons que chacune des autres personnes est pour nous une parole de Dieu. Nous serons, nous aussi, une parole de Dieu pour elles.

L'échange et l'enrichissement mutuels vécus entre êtres humains sont des réalités qui persistent au-delà de la mort même. La foi chrétienne parle de « communion des saints » pour exprimer cette circulation de vie, ces échanges ininterrompus entre nous et ceux qui nous ont précédés. Nous apprenons, en particulier, de ceux et celles qu'on appelle les saints. « Par leur enseignement, tu nous éclaires », dit la préface des pasteurs. En fait, c'est toute leur vie qui est un enseignement pour ceux qui cheminent sur terre. On ne perd jamais son temps à l'école des saints. François de Sales en était persuadé et ceux qui « apprennent de lui » peuvent aussi en témoigner.

Apprendre de la nature

Tout ce qui existe dans l'univers créé porte en soi un message pour l'homme. Cet univers a une beauté, une grandeur, une majesté, en même temps qu'une grande dureté parfois. A travers ses facettes variées, sa violence et son calme, son microcosme et son macrocosme, ses capacités de vie et ses capacités de destruction et de mort, l'univers parle à l'homme. Il nous est donc possible d'apprendre de la création.

La Bible invite les hommes à se mettre à cette école. Les psaumes, en particulier, chantent souvent la gloire de Dieu à partir de l'univers.

Ainsi, le psaume 8 : « O Seigneur notre Dieu, qu'il est grand ton nom par toute la terre ! » Le ciel, la lune, les étoiles, les troupeaux sur la terre, les oiseaux dans les airs, les poissons dans les eaux, les êtres humains, tous sont là pour chanter Dieu qui les a faits.

Ainsi, le psaume 103, qui est un hymne au Créateur à travers la contemplation de la création : « Seigneur, mon Dieu, tu es si grand ! »

Ainsi, le psaume 148 : « Louez le Seigneur du haut des cieux... Louez le Seigneur depuis la terre... »

Le dernier psaume du psautier (150) est une grande symphonie pour le Dieu vivant.

Louez Dieu en sonnant du cor,
louez-le sur la harpe et la cithare ;
louez-le par les cordes et les flûtes,
louez-le par la danse et le tambour !

Louez-le par les cymbales sonores,
louez-le par les cymbales triomphantes !
Et que tout être vivant
chante louange au Seigneur !

Ces psaumes et beaucoup d'autres textes de la Bible montrent que, dans le fracas de l'ouragan, le déchaînement de la tempête, la fureur des océans, aussi bien que dans la brise du soir et le calme de l'aurore, les croyants captent un message.

Les citadins, que sont devenus beaucoup d'hommes aujourd'hui, sont sans doute moins proches de la nature que les auteurs des psaumes, que Jésus lui-même ou François de Sales. En tout être humain demeure cependant le besoin du contact avec la terre, la mer, la montagne, la lumière, le vent. Le surgissement des mouvements écologistes dans plusieurs pays industrialisés en est sans doute un signe.

François a beaucoup appris de la création. Il est vrai que la Savoie est une région privilégiée, avec ses lacs, ses montagnes et ses vallées, ses champs et ses herbages, ses forêts et ses rivières, la variété de ses plantes et de ses fleurs, et le charme de chacune des saisons. Ayant vécu son enfance et son âge adulte dans ce cadre, François y a puisé beaucoup de ses comparaisons et en a tiré de multiples enseignements.

En regardant les cimes couvertes de neige, en plein soleil, et les vallées cachées dans l'ombre ou enfouies dans l'obscurité, on peut penser aux deux « niveaux » de l'âme humaine : la partie inférieure se bat parfois contre des tentations et vit dans l'obscurité de la foi (elle est dans la vallée obscure), cependant que la partie supérieure, la « fine pointe » dit « oui » à Dieu dans un acte de confiance et d'abandon (c'est la cime éclairée). L'important, dit François, est que la partie supérieure de notre âme, le cœur de notre cœur, adhère à Dieu Amour ; alors, même si, au niveau humain, nous sentons des remous et des combats, nous restons pourtant en paix, car nous sommes dans la lumière de Dieu.

Quand il parle des humbles et petites vertus qui fleurissent au pied de la Croix, François pense aux violettes et autres fleurs discrètes et cachées qui poussent à l'ombre des arbres ou des arbustes.

Quand il parle des saisons de l'âme, il se réfère aux quatre saisons que connaît bien le pays où il vit : « Je vois que toutes les saisons de l'année se rencontrent en votre âme, écrit-il à Jeanne de Chantal. Vous voudriez bien que tout fût en printemps et été ; mais non… Ce sera au Ciel où tout sera en printemps quant à la beauté, tout en automne quant à la jouissance, tout en été quant à l'amour. Il n'y aura nul hiver » (11 février 1607, *EA* XIII,263).

Ses visites pastorales à travers le diocèse lui inspirent d'imiter les habitants des montagnes qui risquent leur vie pour leurs vaches, quand elles tombent dans une crevasse. « Pourquoi donc suis-je si lâche à la quête de mes brebis ?… Quels aiguillons pour moi ! ce pasteur qui court par des lieux si hasardeux pour une seule vache ;… cette charité du voisin qui s'abîme lui-même pour ôter son ami de l'abîme : ces glaces ne me devaient-elles pas ou geler de crainte ou brûler d'amour ? » (fin octobre 1606, *EA* XIII,224).

Il découvre aussi les petites gens des villages, dont l'accueil est si chaleureux au milieu de la neige et de la glace. Il admire et réfléchit sur sa propre vocation : « Je vis des merveilles en ces lieux-là : les vallées étaient toutes pleines de maisons, et les monts, tous pleins de glace jusques au fond. Les petites veuves, les petites villageoises, comme basses vallées sont si fertiles, et les évêques, si hautement élevés en l'Eglise de Dieu, sont tout glacés ! Ah ! ne se trouvera-t-il pas un soleil assez fort pour fondre celle qui me transit ? » (juillet-août 1606, *EA* XIII,199).

Où que nous soyons, nous-mêmes, nous pouvons tirer de nombreux enseignements de ce que nous voyons et entendons : directement, dans la nature, ou, à défaut, à travers des photos ou des émissions de télévision.

Apprendre de la science et des découvertes modernes

Le faire, c'est dire que nous croyons en l'homme et en son intelligence : un homme créé « à l'image et ressemblance de Dieu » pour « dominer la terre » (Gn 1,27-28).

François de Sales a montré de l'intérêt pour « les arts », dès sa jeunesse. Etudiant à Paris, il a appris tous les arts enseignés alors, y compris la danse et l'escrime. Il a continué ensuite à Padoue, en Italie. Ici, il a même offert son corps à la médecine, lors d'une épidémie qu'il pensa fatale pour lui. Sachant que les étudiants en médecine manquaient de squelettes pour leurs expériences et qu'ils allaient déterrer des cadavres, il préféra prendre les devants. En fait, il ne mourut pas, mais son geste montre qu'il considérait les progrès médicaux comme importants pour l'humanité.

On connaît les efforts de François, devenu évêque d'Annecy, pour établir ou consolider les écoles et les collèges. Il est parmi les pionniers de l'enseignement technique. Il parvient à fonder — même si elle ne dure pas — l'Académie florimontane, dans laquelle « les leçons se feront ou de théologie, ou de politique, ou de philosophie, ou de rhétorique, ou de cosmographie, ou de géométrie, ou d'arithmétique. On y traitera de l'ornement des langues, et surtout de la française ». C'était un programme d'université !

Il faut également signaler ici le soutien de François de Sales à Don Baranzano, Piémontais ordonné prêtre par lui pour la congrégation des Barnabites. Ce jeune maître soutient les idées de Copernic et de Galilée : le soleil et non la terre est le centre de l'univers. François est donc concerné directement par les controverses entre exégètes et savants au moment où se prépare le procès de Galilée (1615-1623). Il sait que la connaissance de foi et la connaissance scientifique ne peuvent se contredire puisqu'« elles sont filles d'un même Père ».

Il soutient donc Don Baranzano, rappelé à Turin par son supérieur, auquel il écrit, le 23 septembre 1617 : « J'ose dire à votre Paternité qu'il serait bon de le renvoyer ici, car, ayant appris la langue française et étant fort goûté en ces quartiers, il me semble qu'il s'y rendrait très utile. » Le Père revient, en effet, le 30 octobre suivant.

« On est heureux, commente le P. Lajeunie, de voir en ce combat saint François de Sales du bon côté de la barricade théologique » (*Saint François de Sales*, éd. Guy Victor, 1966, tome 2, p. 97).

Dans notre seul XXe siècle, les sciences ont fait un bond considérable, par exemple dans les domaines de la vie, de la santé, des communications, des transports, de l'informatique, de l'énergie... Nous bénéficions de ces progrès. Nous savons aussi les questions nouvelles, parfois très graves, qu'ils nous posent : en particulier dans le champ de la biologie (vie et mort : contraception, avortement, euthanasie...) ou dans celui des armes atomiques et chimiques, ou dans celui de la torture et des hôpitaux psychiatriques...

Que dirait François de Sales ? Il me semble qu'il nous invite à développer en nous un esprit d'ouverture et de saine curiosité, en même temps qu'à faire grandir le discernement spirituel. Les déclarations des évêques et du pape, ainsi que les travaux de spécialistes, nous y aident.

Le Concile Vatican II reconnaît que « de nos jours, l'homme a obtenu des victoires hors pair, notamment dans la découverte et la conquête du monde matériel. Toujours cependant il a cherché et trouvé une vérité plus profonde... ». L'homme est grand par la sagesse. Or « plus que toute autre, notre époque a besoin d'une telle sagesse, pour humaniser ses propres découvertes » (*GS* 15).

François de Sales peut être un maître de sagesse pour aujourd'hui, de l'avis du pape Jean-Paul II (à Annecy, le 7 octobre 1986) : « Que la sagesse salésienne, où les qualités spirituelles et la sainteté se joignent à celles d'une amicale sagesse humaine, vous permette d'éclairer en vérité les questions de notre temps » (*Doc. Cath.*, n° 1927, p. 997).

Quelques attitudes fondamentales

Pour acquérir et garder un cœur de disciple, quelques dispositions intérieures sont nécessaires.

L'attention aux personnes et aux choses. Elle suppose l'intériorité, car si l'on vit en surface ou tout à l'extérieur, on passe à côté des choses et des gens sans les voir, on vit les événements sans en découvrir le sens. François de Sales était attentif à chacun. Vincent de Paul dit son admiration de le voir « se prêter, un temps si long, à toutes personnes, de si humbles conditions qu'elles fussent ».

L'écoute : nécessaire pour entendre, connaître, recevoir, apprécier et discerner, et pour élargir notre vision. Cette écoute suppose le silence, intérieur et extérieur : adapté, bien sûr, à chaque condition de vie, mais indispensable pour tous. Si François de Sales a été un « conciliateur », c'est, pour une bonne part, parce qu'il a su écouter. « Il faut avoir patience d'entendre leurs déraisons, dit-il des plaignants, afin de les conduire doucement au terme de la raison. »

La coopération : afin de ne pas être seulement des consommateurs, mais d'être aussi des pourvoyeurs ; afin de ne pas vivre repliés sur soi-même ou en compétition avec d'autres, mais de rechercher le contact, le partage des idées et des tâches, des souffrances et des joies.

La largeur d'esprit : pour savoir découvrir les richesses des autres, les mettre en relief, les apprécier et les faire apprécier ; pour nous réjouir des qualités et des succès des autres, au lieu de les envier et de nous plaindre ; pour encourager et soutenir des personnes dont les choix sont autres que les nôtres... « Tenez votre cœur au large. »

L'humilité : c'est la base de toute vie chrétienne. Saint Paul nous donne la clef pour la vivre : « Que chacun par l'humilité estime les autres supérieurs à soi » (Ph 2,3-4). Ils le sont effectivement en un domaine ou un autre. François de Sales y revient constamment, après saint Paul : « C'est le propre de l'humilité, pour être vraie, de toujours être basse, petite et aux pieds de tout le monde. C'est elle qui est la base et le fondement de la vie spirituelle » (sermon pour la Visitation, 1618, *EA* IX,163).

5

Unir le cœur et la vie

Si François de Sales *commence* par l'intérieur, cela veut dire qu'il *débouche* sur l'extérieur. La conversion qui commence au plus profond du cœur se manifeste dans les actes extérieurs. Le cœur nouveau se fait voir dans des comportements nouveaux.

En cela, il rejoint le Christ dans l'Evangile. Le « convertissez-vous et croyez à la Bonne Nouvelle » concerne à la fois le cœur et la vie.

C'est la logique même de l'Incarnation, ce « mystère vraiment chrétien » : le Verbe, invisible et inaudible, s'est fait chair et, ainsi, s'est fait voir et entendre. La Parole, le Logos, a pris corps en Jésus Christ. Comme l'exprime l'évangéliste Jean : « Personne n'a jamais vu Dieu ; le Fils unique, qui est dans le sein du Père, lui, l'a fait connaître » (1,18).

La vie chrétienne est donc à la fois intérieure et extérieure, puisque c'est la vie de Jésus Christ dans des êtres humains. Et le Concile Vatican II a pu dire que « le mystère de l'homme ne s'éclaire vraiment que dans le mystère du Verbe incarné... Car, par son Incarnation, le Fils de Dieu s'est en quelque sorte uni lui-même à tout homme » (*GS* 22). Il n'y a pas une « vie spirituelle » qui serait coupée de la vie humaine, comme quelque chose en l'air ou à part. La vie spirituelle du chrétien, c'est sa vie ordinaire, quotidienne, vécue dans l'Esprit du Christ, sous le souffle de cet Esprit Saint.

D'où l'invitation de François de Sales à accueillir et à laisser vivre Jésus Christ dans notre cœur, dans l'intimité de notre être, pour qu'il puisse vivre aussi dans chacun de nos actes. Il est persuadé que « quiconque a Jésus Christ en son cœur, il l'a bientôt après en toutes ses actions extérieures ». C'est pourquoi, dit-il, « j'ai voulu avant toutes choses graver et inscrire sur votre cœur ce mot saint et sacré : VIVE JESUS ! assuré que je suis qu'après cela, votre vie... produira toutes ses actions... écrites et gravées du même mot de salut » (*IVD* 3,23).

Et comme il avait d'abord dit que, pour changer quelqu'un, il ne fallait pas commencer par les contenances, les habits ou les cheveux, il dit sa certitude que, si Jésus vit dans le cœur, « il vivra aussi en tous vos comportements, et paraîtra en vos yeux, en votre bouche, en vos mains, voire même en vos cheveux ». Pensait-il à Marie Madeleine, pour qui il a une très grande sympathie et admiration ? Une fois son cœur pris et retourné par Jésus, elle dénoue ses cheveux, qui lui avaient servi sans doute à attirer bien des hommes, et elle s'en sert pour essuyer les pieds de Jésus. Quand le cœur est changé toute la vie change. On ne voit plus les choses et les personnes avec les mêmes yeux, on ne parle plus de la même façon, on ne fait pas les choses de la même manière. L'amour passe par les yeux, la bouche, les mains et les cheveux !

Unir la vie intérieure et la vie extérieure, c'est bien

ce que veut François de Sales, pour permettre à chacun de réaliser l'unité de son être. Cela se fait en passant du cœur à la vie ; cela se fait aussi en faisant entrer la vie dans le cœur. Car en toute vie humaine et chrétienne, il y a un mouvement permanent de l'intérieur vers l'extérieur et de l'extérieur vers l'intérieur. Nous sommes à la fois esprit et corps, des êtres tournés vers l'intérieur et vers l'extérieur. Il faut donc maintenir le double mouvement.

Parlant aux sœurs de la Visitation, François leur rappelle que, par rapport aux grands Ordres religieux, elles ont « fort peu de règles pour l'extérieur, peu d'austérités, peu de cérémonies, et peu d'offices ». Il les invite donc à y « accommoder volontiers et amoureusement leurs cœurs, faisant naître l'extérieur de l'intérieur, et nourrissant l'intérieur par l'extérieur ; car ainsi le feu produit la cendre, et la cendre nourrit le feu » (*Entretiens* I, Pléiade, p. 1005).

C'est le cœur qui doit d'abord être enflammé pour donner vie et sens aux actes ; en même temps, les gestes que nous posons, les activités que nous menons, raniment la flamme et entretiennent le feu de l'amour déposé en nos cœurs par l'Esprit Saint.

Ainsi comprend-on qu'il n'est pas possible de séparer action et contemplation, pratique et esprit. Car leur source commune, c'est l'amour. Et « comme on apprend à étudier en étudiant, à jouer en jouant, à danser en dansant..., ainsi apprend-on à aimer Dieu et le prochain en l'aimant ». Il ne faut jamais séparer la volonté et l'acte, le désir de la sainteté et le geste qui engage sur son chemin.

Le seul moyen pour des Visitandines d'acquérir l'esprit de la Visitation, c'est de faire ce que demandent les Constitutions. Le seul moyen pour des chrétiens d'acquérir l'esprit de l'Evangile, c'est de se mettre à le vivre. « L'esprit de la Règle ne s'acquiert qu'en pratiquant fidèlement la Règle. Je vous en dis de même de la sainte humilité et douceur, qui sont les fondements de cette Congrégation : Dieu nous les donnera infailliblement, pourvu que nous ayons bon courage et fassions notre possible pour les acquérir » (*Entretiens* XIII, Pléiade, p. 1177).

François enseigne un christianisme incarné, si l'on peut se permettre cette répétition (car il n'y a pas de christianisme en dehors de l'Incarnation). Et, en fidélité à l'Incarnation, il s'adresse toujours à des personnes concrètes, vivant dans des situations précises. Ce n'est pas un théoricien. Ses livres et ses lettres, ses sermons et ses entretiens ont pour destinataires des personnes, des groupes ou des communautés à la recherche d'une lumière, d'un conseil, d'un appui, d'un discernement. Il tient donc grand compte des conditions dans lesquelles vivent ces personnes et ces groupes. La foi chrétienne et la marche vers la sainteté se vivent, en effet, dans des conditions variées de santé, de temps, de lieu, de vocation.

La condition corporelle

L'être humain est à la fois spirituel et corporel. Aussi, dans le cheminement spirituel des personnes, François prend-il en compte la santé et la maladie, l'âge, le travail, le repos, le sommeil, la nourriture. Dans les avis concrets qu'il donne à ses correspondants ou à ses lecteurs apparaît le lien entre la foi et la vie, entre l'esprit et le corps.

Ainsi, il rappelle un fait élémentaire que chacun peut

constater : « Nous sommes grandement exposés aux tentations quand notre corps est trop nourri ou quand il est trop abattu. » C'est en même temps une invitation à l'équilibre. Le mieux est de faire à notre corps « un traitement égal, et proportionné aux offices et travaux auxquels notre condition nous oblige. »

Il fait une autre constatation, de bon sens, avec un avis approprié : « Généralement, il est mieux de garder plus de forces corporelles qu'il n'est requis, que d'en ruiner plus qu'il ne faut, car on peut toujours les abattre quand on veut, mais on ne peut pas les réparer toujours quand on veut... Une continuelle et modérée sobriété est meilleure que les abstinences violentes faites à diverses reprises et entremêlées de grands relâchements » (*IVD* 3,23).

Dans un très beau chapitre du *Traité de l'Amour de Dieu* sur « l'incomparable amour de la Mère de Dieu, Notre Dame », il établit nettement le lien entre Jésus, le Fils de Dieu incarné, et le chrétien, dans sa condition humaine. Auparavant, à partir de l'exemple de Marie, il montre comment le sommeil et le repos font partie de ce que Dieu veut pour nous : ce peuvent être de vrais actes de charité, qui nous acheminent donc vers la sainteté.

De Marie, il dit qu'elle « ne s'endormait jamais que d'amour puisqu'elle ne donnait aucun repos à son précieux corps que pour le revigorer, afin qu'il servît mieux son Dieu par après ; acte, certes, très excellent de charité, car, comme dit le grand saint Augustin, elle nous "oblige d'aimer nos corps convenablement", en tant qu'ils sont requis aux bonnes œuvres, qu'ils sont une partie de notre personne et qu'ils seront participants de la félicité éternelle ». Et la conclusion vient, limpide et merveilleuse : « Certes, le chrétien doit aimer son corps comme une image vivante de celui du Sauveur incarné, comme issue de même tige avec lui, et, par conséquent, lui appartenant en parentage et consanguinité » (*TAD* 3,8).

Selon les personnes à qui il s'adresse, François insiste ou sur la nécessité de faire attention et de prendre les soins nécessaires, ou sur la nécessité de ne pas céder à une vie trop facile. Deux exemples suffiront à illustrer l'équilibre de ses avis.

Angélique Arnauld, abbesse de Port-Royal, s'est mise quelque temps sous la conduite spirituelle de François de Sales. Désireuse de réformer son monastère et de revenir à la pureté primitive de la Règle, elle est portée à se livrer à de grandes austérités. François, jouant sur le nom de l'abbaye : Port-Royal, l'aide à voir que c'est l'amour qui est premier : « Ne vous chargez pas trop de veilles, ni d'austérités (et croyez-moi, car j'entends bien ce que je dis en ceci), mais allez au Port-Royal de la vie religieuse par le chemin royal de l'amour de Dieu et du prochain, de l'humilité et de la débonnaireté » (juin 1619).

Cette lettre ne dut pas suffire à calmer les désirs de la Mère Angélique, puisque, trois mois plus tard, il lui écrit à nouveau : « Dormez bien ; petit à petit vous reviendrez aux six heures, puisque vous le voulez ! Manger peu, travailler beaucoup, avoir beaucoup de tracas d'esprit, et refuser le dormir au corps, c'est vouloir tirer beaucoup de service d'un cheval qui est efflanqué, et sans le faire repaître » (14 septembre 1619).

Celse-Bénigne est le fils de Jeanne de Chantal. En 1610, c'est un jeune homme de quinze ans, plein de santé et de projets, prêt à partir pour la cour de France, à Paris. A l'inverse d'Angélique Arnauld, il risque d'être tenté par une vie facile et mondaine. Aussi François lui souhaite-t-il « un cœur vigoureux pour ne point trop flatter (son) corps en délicatesse au manger, au dormir et telles autres mollesses ; car enfin, un cœur généreux a toujours un peu de mépris des mignardises et délices corporelles » (8 décembre 1610).

Le lieu et le milieu

Nous sommes tous « localisés » quelque part. Nous vivons dans un continent, un pays, une région, avec une situation géographique, économique, sociale, politique, religieuse, qui affecte notre vie quotidienne. La foi chrétienne est la même partout, mais la façon de comprendre l'Evangile, de le vivre et de le transmettre varie suivant que nous sommes dans le monde rural ou le monde ouvrier, dans un milieu bourgeois ou dans le quart-monde, dans un pays à dominante chrétienne ou dans un pays à dominante musulmane, hindoue, bouddhiste, ou athée, dans un pays démocratique ou dans un pays soumis à un régime fort ou dictatorial. Suivant notre appartenance à l'un ou l'autre de ces lieux et de ces mondes, notre réponse à l'appel universel à la sainteté prendra des nuances différentes.

François de Sales ne parlait pas de la même manière aux habitants d'Annecy et à ceux de Paris, à ceux de Lyon et à ceux de Rome, aux citadins et aux villageois. Le message était le même, mais chacun était invité à le vivre là où il était, car il faut « travailler au champ où nous sommes » et non pas envoyer « nos bœufs avec la charrue ailleurs, au champ de notre voisin, où néanmoins nous ne pouvons moissonner cette année. Et tout cela est une perte de temps ». Car si « nos pensées et nos espérances » sont ailleurs, nous ne pouvons pas vivre pleinement là où nous sommes (6 août 1606, à Jeanne de Chantal, *EA* XIII,207).

Il s'agit donc, pour chacun, de vivre pleinement sa foi là où il est, sans rêver ni se projeter en d'autres lieux. On les imagine souvent plus beaux qu'ils ne sont ; et même s'ils sont réellement plus beaux et plus agréables que le nôtre, ce n'est pas là que Dieu nous appelle en ce moment. « Mon esprit est ferme en cet avis de ne point semer au champ de notre voisin, pour beau qu'il soit, pendant que le nôtre en a besoin. » Il est toujours dangereux, écrit François, « d'avoir son cœur en un lieu et son devoir en l'autre » (30 novembre 1605, *EA* XIII,123).

La richesse du partage en Eglise vient précisément de la variété des manières dont la même foi est vécue à travers des pays et des milieux différents. « Fleuris où tu es planté » : si chacun vit cela au mieux, l'Eglise devient « un jardin diapré de fleurs infinies. Il y en faut donc de diverses grandeurs, de diverses couleurs, de diverses odeurs et, en somme, de différentes perfections ; toutes ont leur prix, leur grâce et leur émail, et toutes, en l'assemblage de leurs variétés, font une très agréable perfection de beauté » (*TAD* 2,7).

L'époque, le temps dans lequel on vit

Il est évident qu'on ne parle pas et qu'on n'écrit pas de la même manière aujourd'hui et à la fin du XVIe ou au début du XVIIe siècle. François est bien conscient de la nécessité d'annoncer l'Evangile et de le vivre dans le temps qui est le nôtre. Il l'écrit dans la préface de son *Traité de l'Amour de Dieu :* « Certes, j'ai eu en considération la condition des esprits de ce siècle, et je le devais : il importe beaucoup de regarder en quel âge (à quelle époque) on écrit » (Pléiade, p. 339).

Ainsi, il nous invite à connaître notre temps et à l'aimer. Il ne s'attarde jamais sur le passé, pas plus qu'il ne se projette dans un avenir de rêve. Il vit le moment présent. Il demande à ses lecteurs et à ses auditeurs de vivre l'aujourd'hui. Car aujourd'hui est le seul moment où Dieu nous rencontre. Notre temps est le seul que Dieu nous demande de vivre. Nous ne pouvons rien changer au temps d'hier. Quant à demain, la meilleure façon de le préparer, pour nous et pour les autres, c'est de vivre pleinement aujourd'hui. François rejoint saint Augustin qui demandait à ses contemporains de ne pas gémir sur leur temps, car « le temps, c'est nous », disait-il ; « soyons bons et notre temps sera bon ».

Une particularité de notre temps, c'est la réduction des distances et la rapidité des communications. De ce fait, le monde est devenu un village, où les habitants d'autres continents deviennent nos voisins. Ce temps invite donc à l'ouverture et à la solidarité — ce qui ne contredit pas le point précédent (chacun devant semer et labourer là où il est). Chacun est toujours appelé à vivre là où il est, mais dans une solidarité plus grande, parce qu'il est plus conscient de l'interdépendance des personnes et des nations.

Les médias ont contribué largement à cette prise de conscience. Ils ont désormais une place considérable dans la vie des individus et des peuples. François de Sales se réjouirait de toutes les possibilités offertes par les techniques modernes. Pour porter l'Evangile à ses contemporains, il a « su trouver un langage merveilleusement adapté ». C'était « un homme de communication », selon les termes de Jean-Paul II (Annecy, 7 octobre 1986).

Il nous encourage à communiquer les uns avec les autres.

La vocation particulière de chacun

Si François de Sales enseigne que tous sont appelés à la sainteté, il sait aussi que tous ne doivent pas avancer par le même chemin. Jean-Paul II l'a bien résumé dans son homélie au bord du lac d'Annecy, le 7 octobre 1986 : « Il proposait toute l'exigence évangélique, il en montrait l'accès aux hommes et aux femmes, aux laïcs et aux religieux, aux jeunes et aux anciens, aux époux et aux célibataires, aux riches et aux pauvres, aux lettrés et aux ignorants, aux princes et aux paysans, aux soldats et aux commerçants… A chacun il adressait l'appel à la sainteté selon sa condition et ses dispositions » (*Doc. Cath.*, n° 1927, p. 996).

Ces paroles font écho à l'enseignement constant de François de Sales pour qui « la dévotion doit être différemment exercée par le gentilhomme, par l'artisan, par le valet, par le prince, par la veuve, par la jeune fille, par la mariée ; et non seulement cela, mais il faut accommoder la pratique de la dévotion aux forces, aux affaires et aux devoirs de chaque particulier » (*IVD* 1,3).

Ce serait une erreur, en effet, de demander à des parents ayant charge d'enfants de vivre le même type de pauvreté que des ermites ou des moines, ou à des personnes qui travaillent toute la journée, de se lever la nuit pour prier. Les moyens doivent être adaptés à chaque condition.

La grande leçon que François veut inculquer, c'est que chacun se plaise dans sa vocation et y réponde à l'amour de Dieu. « Il faut que l'on demeure en la barque en laquelle on est, pour faire le trajet de cette vie à l'autre, et que l'on y demeure volontiers et aimablement » (7 avril 1617).

Une phrase résume bien la pensée de François au sujet de la vocation de chacun. Elle se trouve dans une lettre à Mme Brulart (10 juin 1605) : « Soyons ce que nous sommes, et soyons-le bien, pour faire honneur au Maître ouvrier duquel nous sommes la besogne. »

★

Tous ces éléments — le corps, le lieu, le temps, la vocation — constituent notre « état ». Il comporte des exigences et des appels, qui sont les devoirs de notre état ou notre « devoir d'état ». A travers ces exigences et ces appels, Dieu conduit chacun à la sainteté à la suite du Christ, son Fils incarné.

« Maître divin et modèle de toute perfection, le Seigneur Jésus a enseigné à tous et chacun de ses disciples, quelle que soit leur condition, cette sainteté de vie dont il est à la fois l'initiateur et le réalisateur : "Vous donc, soyez parfaits comme votre Père céleste est parfait" » (Mt 5,48) (*LG* 40).

6

Une marche à la portée de tous

« Ce mystique puisait journellement dans l'intimité avec le Seigneur une étonnante capacité d'entraîner ses frères vers la vie parfaite, en sachant comprendre les personnes les plus diverses » (Jean-Paul II, Annecy, 7 octobre 1986).

Oui, François de Sales sait s'adapter et se mettre à la portée de chaque personne et de chaque groupe, pour les acheminer peu à peu, au rythme de Dieu, vers le but commun, dans un grand esprit de liberté.

François s'adapte

Il ne le fait pas par facilité ou pour encourager à la facilité : il ne met pas de coussins sous les coudes ou les genoux des chrétiens, comme certains l'en ont accusé. Il ne le fait pas non plus pour se faire bien voir : un tel souci de sa renommée serait une forme de démagogie, qui est une faiblesse, tout à fait étrangère à sa personne et à sa manière de faire. Enfin, il ne s'adapte pas par peur de montrer l'idéal à atteindre et les exigences de la vie chrétienne.

François s'adapte par réalisme et par conviction, une conviction enracinée dans sa foi : il sait, par expérience humaine, et il croit que chaque personne est unique.

L'univers est fait d'une variété d'êtres et de mondes. Les talents et « dons naturels » des hommes sont très variés, comme chacun peut le voir. Ainsi en est-il des « dons surnaturels », comme saint Paul l'écrit aux Corinthiens : « Il y a diversité de dons spirituels, diversité de ministères, diversité d'opérations » (1 Co 12,4-6). Cette diversité fait ressortir le caractère unique de chaque personne et de son chemin spirituel.

Partant de l'Apocalypse (2,17) où il est dit qu'au moment de la rencontre finale avec Dieu, chacun reçoit un caillou blanc sur lequel est écrit un nom que seul celui qui le reçoit connaît, François réfléchit sur l'être unique que chacun est aux yeux de Dieu. Et il se dit que, si cet être unique est révélé au terme de la vie, c'est qu'il est présent dès le commencement et tout au long de la vie. Il faut donc en tenir compte dans la marche vers le but, dans la réponse à donner à l'appel universel à la sainteté.

Tous sont appelés à la sainteté et chacun selon les dons propres qu'il reçoit. C'est là une certitude, maintes fois exprimée par François de Sales, et constamment vécue par lui dans sa direction spirituelle. Pour Dieu, il n'y a pas de fabrication en série, ni dans la création première, ni dans la nouvelle création issue de la mort-résurrection de son Fils. « Dieu commanda en la création aux plantes de porter leurs fruits, chacune ''selon son genre'' (Gn 1,11-12) : ainsi commande-t-il aux chrétiens, qui sont les plantes vivantes de son Eglise, qu'ils produisent des fruits de dévotion, un chacun selon sa qualité et vacation » (*IVD* 1,3). Le peuple saint et la foule des élus sont composés d'hommes et de femmes que Dieu connaît un par un par leur nom.

L'influence de François de Sales « tient largement à ce que chacun se sentait respecté dans sa situation particulière » (Jean-Paul II, Annecy, 7 octobre 1986).

A ceux qui lui reprochent de donner beaucoup de temps aux personnes qu'il accompagne, il répond que cet accompagnement spirituel fait partie de la tâche des évêques et que « les anciens Evêques et Pères de l'Eglise étaient pour le moins autant affectionnés à leurs charges que nous, et ne laissaient pourtant pas d'avoir soin de la conduite particulière de plusieurs âmes qui recouraient à leur assistance » (préface de l'*Introduction à la Vie dévote*) ; et enfin, que « chaque âme est un assez grand diocèse ».

Il montre le but

A ceux qu'il accompagne et qu'il conduit, François présente toujours le terme du voyage. Or le but de toute vie humaine n'est autre que la « divinisation » ou « déification », comme aiment à dire les Orientaux.

« Nous sommes créés à l'image et ressemblance de Dieu : qu'est-ce à dire cela, sinon que nous avons une extrême convenance avec sa divine Majesté ?... Il faut que je tende et m'étende vers lui, pour m'unir et joindre à sa bonté à laquelle j'appartiens et je suis » (*TAD* 1,15).

Ce dessein d'amour exprimé dans la création atteint sa pleine réalisation par l'Incarnation du Fils de Dieu : « Il nous aima d'amour de bienveillance, jetant sa propre Divinité en l'homme, en sorte que l'homme fût Dieu » (*TAD* 10,17).

Ainsi, le but, la fin de toutes nos actions et de toute notre vie est de nous unir, par amour, à Celui qui nous a faits par amour et qui, par amour, nous appelle à partager sa vie pour toujours. François a parlé et écrit précisément pour conduire les personnes à la perfection chrétienne de l'amour.

Dès le début de leur cheminement spirituel, il leur montre où aboutit la marche qu'elles entreprennent. C'est un principe dont il voit l'origine en Dieu même, au moment de « fabriquer » le monde : en effet, « il projeta de le créer pour l'Incarnation de son Fils, qui est le Verbe éternel. La fin de son œuvre fut donc son commencement, sa divine Sagesse ayant prévu de toute éternité que ce Verbe prendrait notre nature et viendrait sur cette terre ». Il en tire la conclusion que, avant de partir, il faut savoir où nous allons et ce que nous voulons : « En toutes les œuvres que nous faisons ou que nous commençons, si nous sommes bien avisés, nous avons la fin présente, parce que nous la devons avoir » (sermon de Noël 1622, trois jours avant sa mort, *EA* X,413).

Il accompagne chacun dans sa marche

Le but étant clairement indiqué, François accompagne chaque personne et chaque groupe dans leur marche vers ce but.

La vie chrétienne est, en effet, une marche à la suite du Christ. Répondant à l'appel : « Viens, suis-moi », le chrétien met ses pas dans les pas du Christ. Depuis les origines, la vie chrétienne a été considérée comme une *sequela Christi* (l'acte de suivre le Christ) ou une « imitation de Jésus Christ ». Et l'Eglise dans ses membres terrestres se dit « l'Eglise en pèlerinage ».

Parmi de nombreux textes de François de Sales sur la marche, le livre III du *Traité de l'Amour de Dieu* est une longue méditation sur la marche en avant dans l'amour. L'homme ne peut pas rester sur place : il doit avancer, sinon il retourne en arrière. De même le chrétien : s'il regarde le Christ, il ne peut que vouloir le rejoindre et donc marcher ou courir à sa suite, lui qui « ne s'arrêta jamais, mais continua la course de son amour et obéissance, ''jusqu'à la mort et la mort de la croix'' ».

Aussi François dit-il à tous ceux qui veulent être disciples du Christ : « Allez donc, allez, et n'ayez point d'autres bornes que celles de votre vie, et tandis qu'elle durera, courez après ce Sauveur. »

Ce qui est remarquable, c'est que François se sent engagé lui-même dans la marche avec les personnes qu'il accompagne sur ce chemin de l'Amour. Il n'est pas un professeur qui enseigne le chemin sur une carte, sans bouger de sa chaire. Il est un ami, un compagnon de route qui dit : « Tu veux suivre le Christ ? Tu veux savoir où mène son chemin ? Viens, j'irai avec toi, nous marcherons ensemble. »

C'est le sens de la prière qui ouvre le livre de l'*Introduction à la Vie dévote.* Dans cette « oraison dédicatoire », François commence par se prosterner devant le Seigneur Jésus, à qui il offre son livre ; puis, il prie Jésus d'animer les paroles qu'il contient, afin que les lecteurs en retirent les lumières susceptibles de les aider à progresser ; il prie enfin pour lui-même « afin que montrant aux autres le chemin », il ne soit pas lui-même disqualifié (*cf.* 1 Cor 9,27), « mais qu'*avec eux* je chante à jamais le mot que de tout mon cœur je prononce en témoignage de fidélité : VIVE JESUS ! VIVE JESUS ! Oui, Seigneur Jésus, vivez et régnez en *nos cœurs* aux siècles des siècles ».

C'est dans le même sens d'une communauté de destin et d'un véritable accompagnement que, dans ses sermons et dans ses lettres, il emploie beaucoup le « nous ». Il se met avec ses auditeurs et ses lecteurs. « J'espère que Dieu nous y aidera » ; « demeurons en paix » ; « Jésus est tout nôtre ; soyons tout entièrement siens » ; « A Dieu, mais à Dieu soyons-nous à jamais, comme il est nôtre éternellement »...

Il avance « petit à petit »

Les expressions suivantes reviennent souvent dans ses lettres : « peu à peu », « petit à petit », « grosso modo », « à la bonne foi », « rondement »... Elles indiquent que François ne freine ni n'accélère la marche. Il chemine au pas de la personne, sans la brusquer ou la presser inutilement, sans non plus la retenir ou la freiner.

Il affectionne particulièrement le patriarche Jacob, dont la Genèse conte les déplacements (Gn 33,1-14). Après avoir rencontré son frère Esaü et échangé avec lui des paroles amicales, Jacob est invité par son frère à se joindre au clan de celui-ci qui marchera en tête. Mais il s'excuse auprès d'Esaü, en disant : « Il n'en sera pas ainsi, s'il vous plaît, d'autant que je mène mes enfants, et leurs petits pas exerceraient ou abuseraient de votre patience ; mais moi qui y suis obligé, *je mesure volontiers mes pas aux leurs*, auxquels aussi j'assujettis ceux de mes serviteurs. Et même qu'il n'y a pas longtemps que mes brebis ont agnelé ; les agnelets étant encore si tendres ne pourraient pas aller si vite ; à quoi il faut aussi que *nous nous accommodions*, et tout cela vous arrêterait trop en chemin. »

Quel enseignement tire François de ce récit biblique ? Que le guide spirituel mesure ses pas à ceux des personnes qu'il accompagne. « Remarquez, dit-il, la bonté de ce saint Patriarche... Il s'accommode volontiers aux pas, non seulement de ses petits enfants, mais aussi de ses petits agnelets » (*Entretiens* IX, Pléiade, p. 1096).

Sachant que le but n'est pas atteint en un jour, il invite à avancer pas à pas, avec courage et confiance.

A un groupe de personnes fortement remuées par l'exemple de certains saints, et tentées de vouloir atteindre les sommets immédiatement, il dit : « Il faut que chacun marche en sa voie (1 Cor 7, 20-24) ; la voie des Saints était de faire ce qu'ils faisaient, mais la vôtre c'est de parvenir à la perfection peu à peu, et non pas d'un coup comme vous voudriez » (sermon du 1er dimanche de Carême, 16 février 1614, *EA* IX,26).

La perfection évangélique est comme un champ à conquérir, et le premier champ c'est nous-mêmes. « Il faut d'abord gagner ce point, demain un autre, et pied à pied nous nous rendrons maîtres de nous-mêmes, ce qui ne sera pas une petite conquête. »

Au baptême, nous avons « revêtu le Christ ». Cependant, au magasin de l'Evangile, il n'y a pas de prêt-à-porter. Il nous faut confectionner avec le Christ le vêtement qu'il nous offre. « Il faut coudre notre perfection pièce à pièce, parce qu'il ne s'en trouve point de toute faite » (*EA* XXI,188).

Conduits par l'Esprit

En marchant ainsi au rythme des personnes, François avance au pas de Dieu dans chaque cœur, il suit le rythme de l'Esprit Saint dans la vie de chacun. Jeanne de Chantal, qui le connaissait bien, dit que, « conformément à l'Esprit de Dieu qui agissait en lui, il se hâtait tout doucement de reconnaître les dispositions des âmes avec lesquelles il traitait ». A celles qui n'étaient pas préparées, il ne disait rien, car il ne voulait pas qu'on « répande des discours où il n'y a point d'auditeurs ». A celles chez qui il discernait l'Esprit de Dieu à l'œuvre, il donnait les avis et « enseignements nécessaires pour leur salut ».

S'appuyant sur sa propre expérience et sur le témoignage d'autres personnes, Jeanne de Chantal ajoute : « J'ai remarqué qu'il laissait volontiers agir l'Esprit de Dieu dans les âmes avec une grande liberté, suivant lui-même le train de cet Esprit divin, et les conduisant selon la conduite de Dieu, les laissant agir selon les inspirations divines, plutôt que par ses instructions particulières » (déposition au 1er procès, art. 40 *in* Devos, *SFS par les témoins de sa vie,* Gardet, pp. 170-171).

Il attache, en effet, beaucoup d'importance aux inspirations dans la vie chrétienne. Il leur consacre le chapitre 18 de la deuxième partie de l'*Introduction à la Vie dévote* et plusieurs chapitres du *Traité de l'Amour de Dieu,* en particulier au livre II (ch. 9 à 13) et au livre VIII (ch. 10 à 13). A travers ses rencontres et sa correspondance, il pratique constamment le discernement des esprits.

Sans les inspirations, nous resterions spirituellement

des sous-développés : « Nos âmes vivraient paresseuses, percluses et inutiles. » Notre champ intérieur serait comme la nature en hiver, où tout est en sommeil, engourdi, et semble mort. Dès que le soleil du printemps revient, tout reprend vie : les feuilles et les fleurs apparaissent, les oiseaux chantent, les bêtes courent, les gens sortent. Ainsi l'inspiration « éclaire notre entendement, réveille et anime notre volonté, lui donnant la force de vouloir et de faire le bien ». (*TAD* 8,10). Mais que sont les inspirations ?

Ce sont des « mouvements » de Dieu en nous. Elles sont le signe de l'amour que Dieu nous porte et comme des messages amicaux qu'il nous envoie. Dans quel but ? Nous réveiller, nous stimuler à vivre plus pleinement en accord avec la Source de notre être et le terme de nos actes : Dieu Amour.

« Nous appelons inspirations tous les attraits, mouvements, reproches et remords intérieurs, lumières et connaissances que Dieu fait en nous, prévenant nos cœurs en ses bénédictions (Ps 20) par son soin et amour paternel, afin de nous réveiller, exciter, pousser et attirer aux saintes vertus, à l'amour céleste, aux bonnes résolutions, bref à tout ce qui nous achemine à notre bien éternel » (*IVD* 2,18).

Les inspirations sont des signes que Dieu fait à des gens qui cheminent, qui sont en route vers la vie éternelle qui les attend.

Les moyens dont Dieu se sert pour inspirer sont infinis. Ce peut être « la vue des créatures », une rencontre, un événement, parfois banal en apparence, une joie, une peine, la lecture d'un livre, l'écoute d'une parole transmise par la radio ou la télévision... Cependant, entre tous, « le moyen ordinaire, c'est la prédication » : la parole de Dieu, écoutée en Eglise, est le canal habituel par lequel sa voix nous arrive.

François de Sales présente aussi l'inspiration comme une bonne tentation, avec trois étapes qui conduisent à l'acte (semblables aux trois étapes qui conduisent au péché) : — l'offre ou la proposition ; — le plaisir ou l'agrément ; — la décision ou le consentement. Tant qu'on n'a pas réellement consenti à l'inspiration, elle reste sans effet ; de même qu'il n'y a péché que lorsqu'on a consenti à la tentation.

Ce qui compte, ce n'est donc pas de détecter une inspiration, mais d'y consentir. Car seul le consentement permet à Dieu de réaliser le « mariage » qu'il « désire contracter » avec nous, l'alliance qu'il veut faire avec l'humanité. D'où l'invitation pressante : « Consentez, mais d'un consentement plein, amoureux et constant » (*IVD* 2,18). C'est l'une des clefs de notre avancement spirituel. « Si nous recevions les inspirations célestes selon toute l'étendue de leur vertu, qu'en peu de temps nous ferions de grands progrès en la sainteté ! » (*TAD* 2,11).

Mais, avant de dire « oui », il faut discerner, « examiner si l'inspiration est vraie ou fausse ». Pour cela, il faut réfléchir, prier, prendre conseil d'un guide spirituel ou d'une « personne avisée », comme dit Tobit à son fils Tobie, dans la Bible (4,18). François donne des critères sûrs, qu'on peut trouver chez d'autres maîtres spirituels comme Ignace de Loyola ou Thérèse d'Avila. Il les réduit à trois principaux. « En somme, dit-il, les trois meilleures et plus assurées marques des légitimes inspirations sont : la persévérance, contre l'inconstance et légèreté ; la paix et douceur de cœur, contre les inquiétudes et empressements ; l'humble obéissance, contre l'opiniâtreté et bizarrerie » (*TAD* 8,13).

On retrouve chez l'abbé Henri Chaumont, fondateur, à la fin du XIXe siècle, des Sociétés de Saint-François-de-Sales, la même attention à la vie de l'Esprit Saint en chaque personne. Pour lui, la « direction spirituelle » consiste à collaborer avec l'Esprit Saint : « Le directeur, c'est le Saint-Esprit. Le prêtre est son serviteur ; il doit se tenir au courant de l'âme ; il doit voir si le Saint-Esprit a quelque chose à dire, si l'âme suit sa conduite. Il faut laisser le Saint-Esprit libre » (Laveille, *H. Chaumont*, p. 554).

« A la bonne foi »

La marche sous le souffle de l'Esprit doit se faire simplement, « à la bonne foi », sans trop s'analyser, sans perdre son temps à se regarder et à se poser des questions inutiles. Nous ne savons pas où nous sommes rendus sur le chemin, et il n'est pas nécessaire de le savoir. Notre guide et les autres personnes peuvent parfois mesurer le chemin parcouru. Pour nous, l'important est de continuer à avancer et non de mesurer des performances ou d'établir des statistiques. C'est ce que François écrit, par exemple, à Mme de La Fléchère, le 20 janvier 1609 : « Mon Dieu, ma chère fille, n'examinez point si ce que vous faites est peu ou beaucoup, si c'est bien ou mal, pourvu que ce ne soit pas péché et que, tout à la bonne foi, vous ayez la volonté de le faire pour Dieu. Tant que vous pourrez, faites parfaitement ce que vous ferez, mais quand il sera fait, n'y pensez plus, mais pensez à ce qui est à faire. Allez bien simplement en la voie de Notre Seigneur, et ne tourmentez pas votre esprit » (*EA* XIV,120).

Simplicité, droiture, esprit de liberté, telles sont les dispositions pour avancer sur le chemin de l'Evangile. « Les enfants de Dieu cheminent sans détour et ont le cœur sans replis » (*IVD* 3,30).

7

En esprit de liberté

Aller simplement au chemin de Notre Seigneur, c'est, en effet, marcher en esprit de liberté. François veut des hommes et des femmes libres au service de Dieu. Car Dieu est Amour et Liberté, et il ne peut accepter devant lui des esclaves ou des gens qui ont encore peur. Il veut des fils et des filles, accueillant librement son amour et répondant librement à cet amour.

Quand la Bible dit que l'homme est créé « à l'image et ressemblance de Dieu », elle exprime une réalité fondamentale qui est que l'homme est capable de liberté et d'amour. François cite abondamment cette phrase de la Genèse, sur laquelle est fondée sa vision de l'homme : un homme doué d'intelligence et de liberté, capable d'aimer, capable de Dieu.

Aussi est-ce vers cette source divine qu'il se tourne et qu'il dirige ceux qui s'adressent à lui. Si nous croyons que nous sommes faits à l'image de Dieu, on doit retrouver dans nos vies humaines un reflet de ce Dieu qui est Amour et Liberté. « Dieu, ayant créé l'homme à son image et ressemblance, veut que, comme en lui (Dieu), tout y soit ordonné (en l'homme) par l'amour et pour l'amour » (*TAD* 1,6). Que notre vie et notre action ne soient conduites que par l'amour et qu'elles n'aient pas d'autre but que d'aimer, n'est-ce pas la plus belle expression de la liberté ?

C'est pourquoi l'exhortation à « tout faire par amour » revient comme un leitmotiv sur les lèvres et sous la plume de François de Sales. « Il faut partout que la sainte liberté et franchise règne, et que nous n'ayons point d'autre loi ni contrainte que celle de l'amour » (lettre du 8 juin 1606). Il explique qu'il « combat pour une bonne cause » quand il défend « la sainte et charitable liberté d'esprit », qu'il « honore singulièrement, pourvu qu'elle soit vraie », c'est-à-dire « éloignée de la dissolution et du libertinage ».

En agissant ainsi, il ne pense pas faire autre chose qu'imiter Dieu, qui appelle, qui propose, qui stimule et qui respecte infiniment chaque être à qui il s'adresse. Dans l'Evangile, l'appel de Jésus : « Viens, suis-moi », ou : « Va, vends ce que tu as », est toujours accompagné du « Si tu veux ». Même quand il secoue quelqu'un, comme dans l'Apocalypse (2,5) : « Allons, repens-toi ! », il le laisse libre de donner sa réponse.

Même renversé de son cheval et ébloui par la clarté de la lumière (Ac 22,1-21), Saul demeure libre de dire « oui » ou « non » à l'appel qui lui est adressé. Car « la grâce est si gracieuse et saisit si gracieusement nos cœurs pour les attirer, qu'elle ne gâte rien en la liberté de notre volonté ; elle touche puissamment, mais pourtant si délicatement, les ressorts de notre esprit, que notre franc arbitre n'en reçoit aucun forcement ;

la grâce a des forces, non pour forcer, mais pour allécher le cœur ; elle a une sainte violence, non pour violer, mais pour rendre amoureuse notre liberté ; elle agit fortement, mais si suavement, que notre volonté ne demeure point accablée sous une si puissante action ; elle nous presse, mais elle n'oppresse pas notre franchise : si bien que nous pouvons, parmi ses forces, consentir ou résister à ses mouvements, selon qu'il nous plaît » (*TAD* 2,12).

La pédagogie spirituelle de François de Sales est exprimée dans ces lignes. Son respect absolu de la liberté humaine est un reflet du respect absolu de Dieu envers ses créatures. « Nul ne peut surmonter la liberté de la volonté de l'homme ; Dieu même qui l'a créée ne veut en façon quelconque la forcer ni la violenter » (sermon du mardi de Pâques 1620, *EA* IX,300).

Il sait aussi par expérience que le cœur humain ne veut pas être forcé. Il lui faut pourtant la force de choisir le bien. D'où la méthode salésienne : inviter, suggérer, essayer de persuader, en montrant le bien-fondé d'un choix à faire ou d'une décision à prendre, user toujours de douceur et de patience. Car « l'esprit humain se cabre contre la rigueur, par la suavité il se rend pliable à tout », selon les mots de François rapportés par son ami Mgr P. Camus. Même quand il est nécessaire de « contredire quelqu'un et d'opposer son opinion à celle d'un autre, il faut user de grande douceur et dextérité, sans vouloir violenter l'esprit d'autrui ; car aussi bien ne gagne-t-on rien en prenant les choses âprement » (*IVD* 3,30).

Ne pas être forcé et avoir la force de choisir ce qui

conduit à la vie, telle pourrait se résumer la liberté offerte à l'homme, exprimée entre autres dans le livre du Deutéronome (30,15-20) : « Vois, je te propose aujourd'hui vie et bonheur, mort et malheur... je te propose la vie ou la mort... Choisis donc la vie... en aimant le Seigneur ton Dieu, écoutant sa voix, t'attachant à lui ; car là est ta vie... »

C'est de cette liberté que parle François de Sales, une liberté qui exclut le laisser-aller, le laxisme et la licence, aussi bien que le scrupule et l'étroitesse d'esprit qui enferme et annihile la personne. Elle est fameuse, la phrase qu'il écrit à Jeanne de Chantal « en grosses lettres » (le 14 octobre 1604) : « IL FAUT TOUT FAIRE PAR AMOUR ET RIEN PAR FORCE; IL FAUT PLUS AIMER L'OBÉISSANCE QUE CRAINDRE LA DÉSOBÉISSANCE. Je vous laisse l'esprit de liberté, non pas celui qui exclut l'obéissance, car c'est la liberté de la chair ; mais celui qui exclut la contrainte et le scrupule ou empressement. »

Dans la même lettre, il explique ensuite comment devenir de plus en plus libre. Le bon chemin, c'est de suivre le Christ. Car personne au monde n'a été plus libre que lui. Il est libre à l'égard de l'argent et de tout pouvoir, libre à l'égard des traditions entretenues par les scribes et les pharisiens, libre même de donner sa vie et de la reprendre. Or sa vie se résume en cette petite phrase : « Je fais toujours ce qui lui plaît » (Jn 8,29). Faire ce qui plaît à son Père, voilà l'expression de la liberté de Jésus. C'est donc aussi le chemin de notre liberté. François n'en doute pas. A la suite de saint Paul, il écrit : « La liberté de laquelle je parle, c'est "la liberté des enfants bien aimés" (Rm

8,21). Et qu'est-ce ? C'est un désengagement du cœur chrétien de toutes choses pour suivre la volonté de Dieu reconnue. »

Ainsi, nous devenons de plus en plus libres à mesure que grandit notre capacité de faire ce qui plaît au Père. En nous laissant conduire par l'Esprit que Jésus nous donne, nous devenons avec lui des fils et des filles de Dieu capables de dire en vérité et dans la joie : « Abba ! Père ! »

8

Témoigner partout

Si François de Sales conduit les chrétiens sur un chemin de liberté, ce n'est pas pour les isoler des autres humains, mais pour qu'ils témoignent, là où ils sont, de cette liberté que le Christ leur a acquise. Or l'amour du Christ pour son Père l'a conduit à donner sa vie pour l'humanité. La croix est le symbole des deux amours réunis en un seul : celui de Dieu et celui des hommes.

Ainsi, Paul dira-t-il aux Galates que le meilleur moyen de tester leur liberté d'enfants de Dieu, c'est qu'ils se mettent humblement et fraternellement au service les uns des autres : « Vous avez été appelés à la liberté ; seulement que cette liberté ne se tourne pas en prétexte pour la chair ; mais par la charité mettez-vous au service les uns des autres » (Ga 5,13). Saint Jean le dit de son côté : suivre le Christ dans son amour pour son Père conduit inévitablement à « donner notre vie pour nos frères » (1 Jn 3,16). La liberté chrétienne se traduit toujours par le don de soi et le service, puisque ce qui plaît au Père, c'est que nous nous aimions comme des frères : « Le comble de l'amour de la divine bonté du Père céleste consiste en la perfection de l'amour de nos frères et compagnons » (*TAD* 10,11).

François de Sales renvoie toujours à leur milieu de vie les personnes qui l'écoutent ou qui le lisent. Car, pour lui, la foi se vit là où l'on est. Certains de ses biographes ou commentateurs ont parlé de sa « dévotion civile » ou « sociale ». On pourrait dire : les aspects apostoliques, sociaux et moraux de la foi et de la vie chrétienne. La foi, en effet, ne peut s'enfermer dans le seul domaine intime de chaque croyant ; elle s'exprime dans l'ensemble des domaines de la vie humaine.

Comment cela ? Par le témoignage de la vie, par le bonheur de vivre sa vocation propre, par le service de la famille et de l'entourage, par les engagements professionnels ou autres, par la participation à un apostolat organisé et la participation à la croissance d'une humanité nouvelle.

Le témoignage de la vie

C'est le premier, et parfois le seul, moyen de partager sa foi. Il est toujours nécessaire, même quand existent d'autres possibilités d'évangélisation. Paul VI le soulignait dans sa grande exhortation sur l'évangélisation (*Evangelii Nuntiandi*, 1975, n° 41), en notant que « l'homme contemporain écoute plus volontiers les témoins que les maîtres, ou s'il écoute les maîtres, c'est parce qu'ils sont des témoins ». Il en tirait cette conclusion : « C'est donc par sa conduite, par sa vie, que l'Eglise évangélisera tout d'abord le monde, c'est-à-dire par son témoignage vécu de fidélité au Seigneur Jésus, de pauvreté et de détachement, de liberté face aux pouvoirs de ce monde, en un mot, de sainteté. »

François de Sales insiste beaucoup sur le nécessaire témoignage de la vie. Plusieurs de ses lettres développent et appliquent à des situations données ce qu'il dit de façon générale dans l'*Introduction à la Vie dévote* (1,3). Les chrétiens sont les plantes vivantes de l'Eglise ; ils doivent porter du fruit dans le champ du monde. La vraie « dévotion » engage chacun à être témoin dans son environnement. « Non seulement elle ne gâte nulle sorte de vocation ni d'affaires, mais au contraire elle les orne et embellit... Chacun devient plus agréable en sa vocation... : le soin de la famille en est rendu plus paisible, l'amour du mari et de la femme plus sincère, le service du prince plus fidèle, et toutes sortes d'occupations plus suaves et amiables. »

Cette phrase indique les principaux domaines du témoignage, qui sont encore ceux d'aujourd'hui : la famille, la politique, le travail, les relations, même s'ils se sont élargis considérablement depuis le XVIIe siècle. Le Concile Vatican II, en particulier dans sa Constitution pastorale sur l'Eglise dans le monde de ce temps et dans son Décret sur l'apostolat des laïcs, parle de la famille, de la culture, de la vie économique et sociale, de la vie politique, des secteurs national et international, de la paix entre les nations, de l'interdépendance des peuples... Le synode romain de 1987 sur la vocation et la mission des laïcs dans l'Eglise et dans le monde a fait, à son tour, un inventaire des nombreux champs de présence et d'apostolat des laïcs. Aucun domaine ne peut échapper au témoignage que les chrétiens sont appelés à donner de leur foi.

François de Sales n'a pas pu imaginer tous les

secteurs nouveaux apparus après lui. Mais le principe qu'il pose reste valable : « La dévotion (c'est-à-dire cette manière particulière d'être chrétien inspirée par un amour actif de Dieu et des autres) ne gâte rien quand elle est vraie, mais plutôt elle perfectionne tout, et lorsqu'elle se rend contraire à la légitime vacation de quelqu'un (c'est-à-dire à son état de vie, son métier, son travail), elle est sans aucun doute fausse. »

Heureux d'être ce que l'on est

N'est-ce pas le premier témoignage à donner : celui de quelqu'un qui est à l'aise dans sa peau et qui « se plaît en sa vocation »? « Votre sérénité doit frapper tous les regards », écrivait saint Paul aux Philippiens (4,5).

Tous ceux qui ont rencontré François de Sales ont noté la forte et attrayante impression qu'il faisait sur eux. Michel Favre, son confesseur, secrétaire et confident, dresse de lui ce portrait : « Il était d'un naturel jovial et gracieux, ennemi de la tristesse et mélancolie, il avait le visage doux et serein... Il ne faisait jamais la triste mine, ni le renfrogné pour importuné qu'il fût, mais recevait chacun avec un visage égal et fort content » (Premier procès, art. 28). Tout simplement parce qu'il était évêque et qu'il considérait comme faisant partie de sa charge de bien accueillir les gens.

Parfois, avec un sourire, il disait que s'il avait su avant d'être nommé ce qu'il savait maintenant de la vie d'un évêque, il aurait refusé. Mais puisqu'il était évêque, il lui fallait se plaire en sa vocation et « faire joyeusement » ce qu'elle demande.

Il n'a cessé de dire aux autres ce qu'il a lui-même vécu : « Ne désirez point de n'être pas ce que vous êtes, mais désirez d'être fort bien ce que vous êtes... Et croyez-moi, c'est ici le grand mot et le moins entendu de la conduite spirituelle. Chacun aime selon son goût ; peu de gens aiment selon leur devoir et le goût de Notre Seigneur. De quoi sert-il de bâtir des châteaux en Espagne, puisqu'il nous faut habiter en France ? C'est ma vieille leçon » (à Mme Brûlart, juin 1607, *EA* XIII,291).

A propos de sa ville et de son diocèse, il écrit : « Notre petit Annecy, où j'ai appris à me plaire, puisque c'est la barque dans laquelle il faut que je vogue pour passer de cette vie à l'autre. »

Vivre là où l'on est, essayer de vivre heureux dans sa vocation, c'est dire simplement que l'adhésion au Christ est épanouissante, source de paix et de joie, et qu'elle permet normalement de grandir en humanité. « Quiconque suit le Christ, homme parfait, devient lui-même plus homme » (*GS* 41). Si cela se vérifie dans la vie des chrétiens, le Christ et son Eglise apparaîtront sous un jour plus sympathique à ceux qui les regardent du dehors.

A propos de la liberté chrétienne, qu'il a expliquée avec précision dans sa lettre du 14 octobre 1604 à Jeanne de Chantal, François donne cet exemple éclairant : « Ainsi, c'est une fausse liberté aux femmes mariées de s'éloigner de leurs maris sans légitime raison, sous prétexte de dévotion et charité. De manière que cette liberté ne préjudicie jamais aux vocations ; au contraire, elle fait que chacun se plaît en la sienne, puisque chacun doit savoir que c'est la volonté de Dieu qu'on y demeure » (*EA* XII,365).

Une fleur s'épanouissant là où elle est plantée fait

la joie du jardinier et des passants. Les chrétiens sont les plantes et les fleurs du jardin de l'Eglise offert aux yeux du monde.

La famille et l'entourage

Le premier champ à évangéliser pour tout homme est son propre cœur et sa vie personnelle. Puisque chacun de nous est une part de l'humanité, le Royaume de Dieu s'étend dans le monde s'il grandit en nous. Mais l'apostolat ne se limite pas à nous-mêmes. Il s'étend à la famille et aux relations immédiates.

Le mari est invité à vivre sa foi d'abord avec sa femme, et la femme avec son mari. Les parents doivent la vivre avec leurs enfants, et les enfants avec leurs parents et entre eux. Puis ce seront les autres personnes de la maison ou de la collectivité, les visiteurs, les voisins, les amis.

Une lettre à Mme Brûlart résume bien l'attitude chrétienne dans cet ensemble de relations (*EA* XII,270). François conseille à cette dame « de prendre quelquefois la peine de visiter les hôpitaux et de consoler les malades », de prier pour eux et de les assister. Cela demande du temps évidemment. Aussi faut-il trouver un équilibre entre ce temps passé au dehors et le temps passé à la maison. Sinon, « Monsieur votre mari, vos domestiques et messieurs vos parents » risquent d'être « offensés par de trop longs séjours aux églises, de trop longs retirements et l'abandonnement du soin de votre ménage ». De même, il faut éviter de se « rendre contrôleuse des actions d'autrui » : éviter les commérages et éviter de mettre son nez dans les affaires des autres, pour les critiquer ou les surveiller.

Il ne faut pas non plus se montrer « trop dédaigneuse des conversations où les règles de dévotion ne sont pas si exactement observées » : c'est-à-dire ne pas faire la sainte nitouche et ne pas vouloir saupoudrer de paroles pieuses toutes les conversations. « Car en tout cela il faut que la charité domine et nous éclaire, pour nous faire condescendre aux volontés du prochain en ce qui ne sera point contraire aux commandements de Dieu. »

La condescendance salésienne est l'un des visages de l'amour. Et c'est toujours l'amour qui doit inspirer notre comportement. C'est l'amour qui veut que notre manière de vivre soit « attrayante », pour qu'elle puisse attirer à Jésus Christ. Si vous voulez faire honneur à votre foi, « rendez votre "dévotion" fort aimable à tous ceux qui vous connaîtront, mais surtout à votre famille ; faites que chacun en dise du bien » (*EA* XII,352, 13 octobre 1604).

Comment rendre aimable, en famille et dans l'entourage, une vraie vie chrétienne ? En faisant qu'elle procure à tous joie et réconfort. A la même Mme Brûlart, il demande de ne pas vivre sa foi pour elle seule. Cette « dévotion », « vous devez la rendre aimable à un chacun. Or vous la rendrez aimable si vous la rendez utile et agréable ». Et il donne quelques applications pratiques : « Les malades aimeront votre dévotion s'ils en sont charitablement consolés ; votre famille, si elle vous reconnaît plus soigneuse de son bien, plus douce aux occurrences des affaires, plus aimable à reprendre, et ainsi du reste ; monsieur votre mari, s'il voit que, à mesure que votre dévotion croît, vous êtes plus cordiale à son égard et plus suave en l'affection que vous lui portez ; messieurs vos parents et amis, s'ils reconnaissent en vous plus de franchise, de support, de condescendance à leurs volontés qui ne seront pas contraires à celle de Dieu. Bref, il faut, tant qu'il est possible, rendre notre dévotion attrayante. »

Le monde de la profession et des engagements

Dans le travail — comme ouvrier ou patron, artisan ou commerçant, cadre dans une entreprise ou exerçant une profession libérale, agriculteur ou marin... —, il n'est pas toujours facile de témoigner de Jésus Christ. Et pourtant, c'est là aussi que les chrétiens sont appelés à vivre leur foi. L'honnêteté dans les affaires et le travail, la conscience professionnelle, la qualité des relations, la solidarité, la justice, sont des valeurs évangéliques.

La troisième partie de l'*Introduction à la Vie dévote*, même si elle n'envisage pas absolument toutes les situations (car certaines sont apparues depuis), donne des indications précieuses sur le « comportement » chrétien. Elle balise le chemin des chrétiens dans le monde.

Sans doute, certaines vertus, comme la patience, l'humilité, la douceur, n'arriveraient-elles pas en tête de liste aujourd'hui. Et pourtant... on entend des hommes d'Etat déclarer qu'il leur faut « être humbles devant les faits », des responsables et des membres d'organisations ou d'associations dire qu'il leur faut être patients pour faire évoluer les mentalités ou obtenir des résultats ; et le respect des personnes au milieu même des affrontements et des conflits pourrait bien être une version actuelle de la douceur, qui est « la fleur de la charité ».

Il reste encore vrai que les chrétiens, au moins autant que les autres, doivent « traiter les affaires avec soin et diligence », tout en se redisant que « le soin et la diligence peuvent être accompagnés de la tranquillité et paix d'esprit ». Cela est possible quand on n'a pas « ses richesses dans son esprit ou son esprit dans les richesses ».

François aborde aussi la question des jeux, loisirs et passe-temps. Ils font partie de la vie : il faut bien « relâcher quelquefois notre esprit, et notre corps encore ». Il est nécessaire, en même temps, de respecter quelques règles. La première est « de ne pas endommager le prochain », car personne n'a droit de « prendre la récréation aux dépens d'autrui ». La deuxième est de ne pas employer au loisir le temps pendant lequel « on doit servir Dieu », les dimanches et fêtes surtout. La troisième est « de ne point y employer trop de moyens » : des dépenses exagérées peuvent être une insulte à d'autres personnes et une injustice.

La lettre à Celse-Bénigne de Chantal, partant pour entrer en politique à la cour de France, contient plusieurs avis utiles pour un chrétien qui s'engage dans les affaires publiques au niveau local, national ou international. François commence par lui dire qu'il croit possible à un chrétien de vivre sa foi dans ce monde de la politique, pourvu qu'il évite « la vanité » et « l'ambition », et que spirituellement il se nourrisse bien : en communiant et en se confessant régulièrement et en ayant un guide spirituel.

Quel témoignage attend-il de ce jeune homme ? Celui de la vraie charité, du respect des autres et du courage de sa foi.

« Je vous demande la douce et sincère courtoisie qui

n'offense personne et oblige tout le monde, qui cherche plus l'amour que l'honneur, qui ne raille jamais aux dépens de personne, ni piquamment, qui ne recule personne… » Ce conseil ne trouverait-il pas un terrain d'application dans les débats au cœur des assemblées politiques ou dans les campagnes électorales ?

Et la tentation du flirt et de la double vie ? « Prenez garde, je vous supplie, à ne point vous embarrasser parmi les amourettes. »

En résumé, « je voudrais que d'abord, en devis et maintien et en conversation, vous fassiez profession ouverte et expresse de vouloir vivre vertueusement, judicieusement, constamment et chrétiennement » (*EA* XIV,376-379).

Le bon moyen d'y arriver, c'est de ne pas rester seul, mais de s'allier à d'autres chrétiens.

L'apostolat organisé

L'expression, utilisée par le Concile Vatican II par comparaison avec l'apostolat « individuel », ne se trouve pas chez François de Sales, mais la réalité est déjà un peu présente chez lui. Sans doute s'adresse-t-il davantage à des personnes individuelles qu'à des groupes organisés.

Cependant, il demande à chaque personne de changer son milieu de vie en se changeant elle-même et en attirant au Christ les autres personnes de ce milieu. Il invite aussi très souvent les personnes à s'unir pour mieux vivre leur foi et en témoigner. Ainsi apparaissent déjà les intuitions de l'apostolat organisé et de l'apostolat de milieu.

C'est encore à Celse-Bénigne de Chantal avant son

départ pour Paris qu'il écrira : « Il vous importera aussi infiniment de faire quelques amis de même intention, avec lesquels vous puissiez vous entreporter et fortifier » (*EA* XIV,378-379).

Dans l'*Introduction à la Vie dévote,* il note aussi que les chrétiens qui veulent vraiment vivre l'Evangile dans le monde ne peuvent le faire seuls. « Il leur est nécessaire de s'allier les uns aux autres par une sainte et sacrée amitié ; car par le moyen de celle-ci ils s'animent, ils s'aident, ils s'entreportent au bien » (*IVD* 3,19).

Quand il fondera, à la fin du XIXe siècle, les Sociétés de Saint-François-de-Sales, l'abbé Henri Chaumont, prêtre de Paris, se souviendra de ce conseil et de l'exemple des premiers chrétiens dans les *Actes des Apôtres*, pour vivre l'apostolat par l'amitié.

En son temps, François fonde ou encourage les « Confréries ». Car elles doivent permettre aux chrétiens de donner ensemble un meilleur témoignage de leur foi. « Entrez volontiers aux confréries du lieu où vous êtes, écrit-il, car c'est toujours une chose fort charitable de *concourir* avec plusieurs et *coopérer* aux autres pour leurs bons desseins. » Et il insiste auprès de ceux qui seraient tentés de vivre leur foi isolément : « Bien qu'il puisse arriver que l'on fasse d'aussi bons exercices à part soi comme l'on fait aux confréries en commun, et que peut-être l'on goûte plus de les faire en particulier, cependant Dieu est plus glorifié de l'union et contribution que nous faisons de nos bienfaits avec nos frères et prochains » (*IVD* 2,15).

Une humanité nouvelle

Demander aux chrétiens de changer leur environnement en se changeant eux-mêmes, c'est donner un écho pratique aux paroles de Jésus demandant à ses disciples d'être « sel de la terre et lumière du monde » (Mt 5,13). L'image du levain et du ferment est très présente dans l'esprit de François de Sales. Il compte sur la présence de chrétiens « ferment » dans la masse humaine pour en faire une communion de personnes et de communautés, vivant au service les unes des autres, dans la lumière et avec la force de Jésus, « le grand Unisseur », sous la conduite de son Esprit d'amour. Ainsi, cette terre renouvelée pourra préparer et annoncer la terre nouvelle du Royaume de Dieu. Car « il n'y a pas d'humanité nouvelle s'il n'y a pas d'abord d'hommes nouveaux, de la nouveauté du baptême et de la vie selon l'Evangile » (Paul VI, *Evangelii Nuntiandi*, 18).

C'est pour cela que François demande à chacun de s'imprégner de la vie du Christ et de se laisser guider par son Esprit, afin de pouvoir partager avec d'autres la « nouveauté » du Christ. En effet, si les chrétiens vivent en « images vivantes du Sauveur incarné », une humanité nouvelle apparaîtra et des structures évolueront ou seront remplacées par des structures qui favorisent la justice et la paix, parce qu'elles seront préparées et animées par des hommes éclairés par le Christ et à l'écoute de son Esprit.

« La dévotion ne gâte rien quand elle est vraie, mais plutôt elle perfectionne tout. » Cela s'applique dans tous les domaines, y compris celui de la libération des hommes et des peuples. Un chrétien laïc d'un pays en voie de développement, profondément engagé dans des programmes de conscientisation et de formation, m'a dit l'inspiration qu'il a trouvée dans François de Sales pour continuer son travail au milieu de ses compatriotes.

La vision salésienne de l'homme est enracinée dans la Révélation biblique, au livre de la Genèse (1,27). L'homme est créé « à l'image et ressemblance de Dieu » : c'est le fondement de sa dignité et du respect qui lui est dû à tous les stades de son existence et dans toutes les conditions. Il est « le premier être du monde visible », dont le développement intégral suppose le respect et le développement de son corps, de son esprit, de son cœur et de son âme, ainsi que le proclame ce très beau passage du *Traité de l'Amour de Dieu :* « L'homme est la perfection de l'univers, l'esprit est la perfection de l'homme, l'amour celle de l'esprit, et la charité celle de l'amour : c'est pourquoi l'amour de Dieu est la fin, la perfection et l'excellence de l'univers » (10,1).

Si on reconnaît, avec François de Sales, que « l'amour de l'homme a ravi Dieu et l'a tiré à l'extase » (c'est-à-dire l'a fait sortir de lui-même pour venir à nous), on ne peut qu'aimer les hommes d'aujourd'hui et travailler, d'une façon ou d'une autre, à leur rendre la terre habitable. Pour cela, il faut puiser l'amour au cœur même de Dieu et apprendre à « aimer Dieu en l'homme ou l'homme en Dieu » (*TAD* 10,11).

9

Fidélité

« Je désire que vous ayez un cœur large et grand au chemin de Notre Seigneur, mais humble, doux et sans dissolution » (*EA* XIII,392). François de Sales souhaite à chacun ce qu'il souhaitait à Jeanne de Chantal dans cette lettre du 1er novembre 1604. Il invite « à tout faire par amour », car il sait que l'amour met le cœur au large, en même temps qu'il le garde simple et maître de soi. C'est l'une des caractéristiques de l'amour, en effet, de rendre ceux qui aiment à la fois capables de très grandes choses et attentifs aux petites choses de la vie quotidienne.

Un amour sans limites

François conduit ceux qui le suivent jusqu'à l'extrême de l'amour : mourir à eux-mêmes, pour vivre pour Dieu et pour les autres, en suivant Jésus jusqu'au bout. Jésus ne s'est jamais arrêté ; il « a continué la course de son amour et obéissance jusqu'à la mort et la mort de la croix » (Ph 2,8). Le chrétien est donc appelé à aller, lui aussi, jusqu'au bout de l'amour.

Cette marche, qui peut devenir une course, à la suite de Jésus aboutit à la décision radicale de « mourir à tout autre amour pour vivre à celui de Jésus » (*TAD* 12,13).

C'est là que culmine le *Traité de l'Amour de Dieu* : le livre XII est le dernier et le sommet du Traité. Et, dans ce livre XII, les chapitres 10 à 13 sont particulièrement clairs dans leur exigence.

Le chapitre 10 est une « exhortation au sacrifice que nous devons faire à Dieu de notre franc arbitre », c'est-à-dire de notre liberté intérieure de décision.

François y déclare qu'« on ne peut aimer Dieu parfaitement si l'on ne quitte les affections aux choses périssables ». On peut bien aimer des choses qui n'ont qu'un temps, dans la mesure où elles sont nécessaires ou utiles à l'existence, mais on ne peut y attacher son cœur. Sinon, il se détache du vrai Bien, qui demeure : le Dieu Vivant.

C'est pourquoi il se tourne délibérément vers le Christ et fait de lui le Seigneur de sa vie. Il lui offre tout son être. « Hé, Seigneur Jésus, quand sera-ce donc que, vous ayant sacrifié tout ce que nous avons, nous vous immolerons tout ce que nous sommes ? Quand vous offrirons-nous en holocauste notre franc arbitre, unique enfant de notre esprit ? » (comme Abraham prêt à offrir son fils unique, Isaac).

Il est persuadé, en regardant le Christ lui-même vivre et mourir librement et pour notre libération, que c'est dans cette « remise totale » de notre volonté à Dieu que nous trouvons la liberté suprême. Jouant avec les mots de franc (libre) et de serf (esclave), il exprime une vérité profonde sur la liberté et la servitude :

« Notre franc arbitre n'est jamais si franc que quand il est esclave de la volonté de Dieu, comme il n'est jamais si serf que quand il sert à notre propre volonté. »

En effet, la remise de soi à Dieu n'est ni une capitulation, ni une diminution, ni une aliénation. Elle grandit la personne, au contraire, en la haussant au niveau même du « Dieu Très Haut », dont l'amour extraordinaire fait François s'écrier avec saint Paul : « Ah ! Il m'a aimé ; je dis, il m'a aimé moi, mais oui, je dis moi-même, tel que je suis, et s'est livré à la Passion pour moi » (ch. 11).

On comprend qu'il intitule le dernier chapitre de son *Traité de l'Amour de Dieu :* « Que le mont de Calvaire est la vraie académie de la dilection », c'est-à-dire la véritable école de l'amour. C'est au Calvaire qu'on apprend à aimer. Oui, « le mont Calvaire est le mont des amants » et le lieu du choix décisif entre la vie et la mort. Si l'on choisit d'aimer Dieu et les autres, on choisit la vie ; si l'on choisit de s'aimer soi-même, on choisit la mort, car tout être humain est limité et mortel. « Et toute la sagesse chrétienne consiste à bien choisir. »

Les saints ont fait le choix de la vie en choisissant d'aimer. Les martyrs — de fait ou de cœur — ont donné le suprême témoignage de l'amour. C'est à cet extrême de l'amour que François invite *tous* les baptisés.

En fermant le *Traité de l'Amour de Dieu,* on pourrait être tenté de penser que cet appel est réservé à quelques privilégiés très avancés dans les voies mystiques et qu'il ne s'adresse pas au « commun » des baptisés. Il suffira alors de retourner à l'*Introduction à la Vie dévote,* écrite pour « la troupe des frères et compagnons » de Jésus

Christ, pour voir que l'appel s'adresse bien à tous sans distinction.

François y écrit, en effet, que tout chrétien doit se préparer « à souffrir beaucoup de grandes afflictions pour Notre Seigneur, *et même le martyre* ». Il faut être décidé à « lui donner tout ce qui vous est de plus précieux, s'il lui plaisait de le prendre : père, mère, frère, mari, femme, enfants, vos yeux même et votre vie, car à tout cela vous devez *apprêter votre cœur* » (*IVD* 3,35).

Le Concile Vatican II ne dit pas autre chose dans sa Constitution sur l'Eglise, au chapitre V (l'appel universel à la sainteté). Après avoir rappelé que, depuis les origines de l'Eglise, des chrétiens ont été appelés à rendre ce suprême témoignage d'amour qu'est le martyre, il dit : « Que si cela n'est donné qu'à un petit nombre, *tous* cependant doivent *être prêts* à confesser le Christ devant les hommes et à le suivre sur le chemin de la Croix, au milieu des persécutions qui ne manquent jamais à l'Eglise » (n° 42).

Chacun sait le courage qu'il faut pour témoigner de Jésus Christ dans son milieu de vie, surtout quand celui-ci est hostile ou indifférent, ou quand il tourne en dérision les croyants et leur foi. Les modes de persécution varient beaucoup. Le fait de la persécution est quasi universel. Saint Paul l'écrivait déjà à son disciple et ami Timothée : « Tous ceux qui veulent vivre dans le Christ avec piété seront persécutés » (2 Tm 3,12).

Une fidélité quotidienne

Les mots « martyr » et « témoin » ont le même sens originel. Il est donc normal que le martyre soit considéré « comme une grâce éminente et la preuve suprême de la charité » (*LG* 42). En même temps, les chrétiens sont appelés à donner un témoignage d'amour dans toutes les réalités de leur vie, même lorsqu'il n'y a aucun risque de mort ni aucune hostilité déclarée. Attendre, pour vivre sa foi, le jour hypothétique d'une persécution sanglante, serait vivre en rêve.

François de Sales, grand mystique, est aussi un grand réaliste. A quoi bon, écrit-il, bâtir des châteaux en Espagne, quand il nous faut habiter en France ? A quoi bon rêver de mourir martyr au loin demain, si on ne vit pas pleinement sa foi ici aujourd'hui ? L'important, c'est de vivre chaque instant, même très ordinaire et banal en apparence, avec un grand amour. C'est l'amour qui donne valeur aux actes, et non la quantité ou la difficulté des actions.

C'est pourquoi, après avoir demandé à tous d'être prêts au martyre, François s'empresse d'ajouter : « Mais tandis que la divine Providence ne vous envoie pas des afflictions si sensibles et si grandes, supportez tout doucement les menues injures, ces petites incommodités, ces pertes de peu d'importance qui vous sont journalières. » Car « ces petites occasions, employées avec amour et dilection », sont le moyen de « gagner le cœur » de Dieu.

Parmi les petites choses à vivre quotidiennement, il parle des menus services à rendre, des maux de tête ou de dents, d'un rhume, de l'humeur bizarre du mari ou de la femme, de la perte d'objets tels qu'une bague ou des gants, du respect humain que l'on éprouve quand il s'agit de poser publiquement un geste religieux, du changement d'horaire qu'on s'impose pour le lever et le coucher afin de pouvoir aller à la messe ou à une réunion… « Ces occasions se présentent à tout moment », alors il faut en profiter. « Prises et embrassées avec amour, elles contentent extrêmement la Bonté divine, laquelle pour un seul ''verre d'eau'' a promis la mer de toute félicité à ses fidèles » (Mt 10,42).

Faire le lien entre ces petites choses et l'acte d'amour suprême du Christ sur la croix, c'est leur donner toute leur valeur. Il n'y a pas de choses insignifiantes pour ceux qui aiment. D'où l'invitation à « pratiquer ces petites et humbles vertus lesquelles comme fleurs croissent au pied de la Croix : le service des pauvres, la visite des malades, le soin de la famille ».

Chacun sait aussi que « les grandes occasions de servir Dieu se présentent rarement, mais les petites sont ordinaires » : il ne faut pas les manquer ! Selon l'exhortation de saint Paul, « faites toutes choses au nom de Dieu et toutes choses seront bien faites ». On peut plaire à Dieu en mangeant, en buvant, en dormant, en se détendant, en travaillant, si l'on fait « toutes ces choses parce que Dieu veut qu'on les fasse ».

A l'appui de cette affirmation, François cite l'exemple de sainte Catherine-de-Sienne, cuisinière et mystique. Depuis, elle a été reconnue « Docteur de l'Eglise » par Paul VI (en 1970).

Un humble amour

Vivre ainsi le moment présent, là où nous sommes, est une bonne manière de ne pas nous faire illusion. Dieu nous attend à chaque instant de ce jour d'aujourd'hui.

Il peut nous arriver de croire que nous aimons parce

que nous avons de bonnes pensées dans la prière, ou de bons sentiments dans le cœur, ou parce que nous sommes émus par un récit ou une émission de radio ou de télévision qui nous fait découvrir des personnes et des peuples lointains. Mais la première et nécessaire façon de dire que nous aimons Dieu et les autres, c'est d'aimer Dieu ici et maintenant, et d'aimer sans distinction ni barrière les personnes que nous côtoyons chaque jour.

Là, nous constatons que ce n'est pas si facile. Nous trébuchons souvent. Au sortir de la messe ou de la prière, nous nous heurtons peut-être à des membres de la famille, à des voisins, à des camarades de vie ou de travail. Les grands élans ont parfois de plates retombées !

Ces chutes sont bénéfiques, car elles nous gardent dans l'humilité, en nous évitant de croire que nous avons atteint le sommet. Il est bon de trébucher, pour ne pas oublier que nous sommes toujours « en chemin », et non pas déjà arrivés au but. Cette constatation ne doit pas nous décourager ; elle nous stimule plutôt à toujours avancer, dans l'humble confiance de ceux qui se savent aimés tels qu'ils sont par Celui qui les a faits et qui veut faire d'eux des fils, partenaires de sa gloire.

En attendant cette entrée dans la vie définitive, nous cheminons dans la foi en Dieu miséricorde. « Nous sommes des pauvres gens qui ne pouvons guère bien faire ; mais Dieu, qui est infiniment bon, se contente de nos petites besognes » (*EA* XII,203). Il nous accompagne sur le chemin, nous relève de nos chutes et nous soutient de la force de son Esprit et des sacrements. Lui qui « est plus grand que notre cœur » remplit déjà notre cœur de la joie de son Fils ressuscité.

Ainsi, nous gardons notre « cœur au large ». François éduque notre cœur pour qu'il soit grand dans les petites choses, humble et disponible pour tout ce que Dieu voudra, y compris les grandes choses. A tous il dit ce qu'il disait aux premières sœurs de la Visitation : « Vous devez agrandir vos courages pour vous rendre capables d'être employés selon la volonté de Dieu » (*Entretiens* XVI).

★

S'il est un souhait à partager au terme de ces pages, c'est celui de François de Sales à Jeanne de Chantal, le 20 janvier 1607 :

« Tenez votre cœur au large, et pourvu que l'amour de Dieu soit votre désir et sa gloire votre prétention, vivez toujours joyeuse et courageuse.

« O Dieu, mais que je souhaite ce cœur du Sauveur pour roi de tous les nôtres ! » (*EA* XIII,253).

Conclusion

Aujourd'hui

A quatre cents ans de distance, la voix de François de Sales peut-elle encore toucher nos oreilles ? Oui, sans doute. Car elle part de son cœur et « on a beau dire, mais le cœur parle au cœur ».

Les hommes d'aujourd'hui peuvent entendre son message.

A un monde en proie à la violence, François offre le parti de la douceur évangélique, qui n'est pas de la faiblesse, mais la force de l'amour.

A un monde en proie à la division, il offre la possibilité de l'unité, en rendant les personnes capables de s'unifier et d'être en communion les unes avec les autres.

A un monde en proie à la guerre et aux conflits, il offre des chemins de paix, qui passent par la confiance mutuelle, le dialogue et la réconciliation.

A un monde à la recherche de sens, il offre une vision de l'homme et de l'univers remplie d'espérance.

Aux angoissés, il révèle le visage d'un Dieu de tendresse et les ressources cachées au fond de tout être humain.

Au cœur des hésitants, des frileux, il apporte ou rallume le feu de l'amour qui pousse à se mettre en marche et à agir.

A ceux dont l'oreille et le cœur sont déjà ouverts aux appels de Dieu, il redit qu'ils peuvent et doivent « aspirer à la vie parfaite ».

A ceux qui regardent l'Eglise, du dedans ou du dehors, d'un air sceptique, critique ou désabusé, il rappelle qu'elle est l'Epouse bien-aimée du Christ et que le « Saint-Esprit réside aux communautés ».

A ceux qui doutent de l'homme, de sa dignité et de son destin, il ose dire que l'homme est la fleur de l'univers, qui a été fait pour être son séjour, « comme l'homme a été fait pour être le séjour de Dieu[1] ».

---

1. Variante du *Traité de l'Amour de Dieu* 11,8.

Index des citations et index thématique

Ces pages, qui viennent compléter le texte primitif de *La Spiritualité de François de Sales*, sont le fruit du travail de Thierry Bustros, ordonné prêtre pour le diocèse de Créteil (France), le 2 février 1992. Nous lui exprimons notre vive et amicale reconnaissance.

Comment utiliser ce travail ?

— *L'index des citations* regroupe toutes les citations présentes dans le livre. Elles sont classées chronologiquement (Bible, François de Sales, Concile...). Dans chaque source, le tri est fait par ordre alphabétique du *mot principal*. Celui-ci peut être relié à des *mots secondaires* (« voir aussi » et « ou encore ») présents dans le livre.

— *L'index thématique* reprend les trois colonnes (« mot principal » - « voir aussi » - « ou encore »). L'ensemble de ces trois colonnes forme une liste qui a été classée par *ordre alphabétique* et par n° croissant d'apparition (page) dans le livre. Pour chaque mot, on donne la *source* (la référence de l'index des citations) et les *deux autres mots* auxquels peut renvoyer cette source.

— *Note* : on remarque, par exemple, que « action » a deux « mises en relation » possibles, à savoir « cœur » et « source »; et on retrouve facilement à « cœur » et « source » un renvoi vers « action ».

On remarque aussi que « action » est en relation avec « mémoire » ou « Jésus », grâce à une autre source... De fil en aiguille, on peut concevoir aisément un travail sur « action chez F. Corrignan » ou « cœur pour F. Corrignan ».

— *Les deux index sont complémentaires* : l'index des citations permet une approche rapide par le biais des sources, l'index thématique permet un approfondissement. Ne pas hésiter à aller de l'un à l'autre.

Index des citations

Références	*Pages*	*Mot principal*	*Voir aussi*	*ou encore...*
Mt 11, 29	70	Chrétien	Disciple	Apprendre
Mt 11, 29	73	Chrétien	Disciple	Jésus
Mt 5, 13	126	Chrétien	Jésus	Terre
Mc 1, 15	31	Convertir	Cœur	
Mt 11, 29	72	Douceur	Cœur	Humilité
Mt 11, 28	18	Jésus	Suivre	
Mt 23, 10	72	Jésus	Maître	Homme
Mt 5, 48	95	Jésus	Maître	Perfection
Mc 7, 1-23	32	Pensée	Cœur	Homme
Mt 5, 48	16	Sanctification	Parfait	
Luc 14, 28-33	43	Asseoir	Voir	Aller
Luc 11, 17	48	Division	Royaume	Ruine
Luc 22, 19	57	Eglise	Eucharistie	Mémoire
Luc 2, 19	57	Marie	Ecouter	Souvenir
Luc 2, 51	57	Marie	Cœur	Garder
Jn 3, 16	18	Jésus	Amour	
Jn 7, 29; 8, 16	18	Jésus	Envoyé	
Jn 1, 1-18	18	Jésus	Ecouter	
Jn 3,35; 10, 30	18	Jésus	Père	Fils
Jn 13, 1	20	Jésus	Amour	
Jn 8, 29	112	Jésus	Liberté	Plaire
Jn 1, 18	85	Mystère	Jésus	Parole
Ac 4, 20	47	Dire	Voir	Entendre
Ac 22, 1-21	110	Liberté	Grâce	Cœur
Ap 2, 17	98	Dieu	Nom	Etre
Ap 1, 4-5	65	Jésus	Nom	Fidélité
Ap 2, 5	110	Suivre	Vouloir	Convertir
1 Jn 3, 1	61	Dignité	Enfant	Création
1 Jn 3, 16	115	Donner	Amour	Autre
Rm 8, 21	112	Chrétien	Cœur	Volonté
1 Co 3, 16	21	Amour	Humilité	Demeurer
1 Co 9, 27	101	Autres	Cœur	Jésus
1 Co 12, 4-6	98	Esprit	Don	Ministère
2 Co 4, 16-18	34	Extérieur	Intérieur	Homme
1 Co 13, 1-13	53	Foi	Espérance	Charité
1 Co 7, 20-24	103	Saint	Chemin	Autre
Ga 5, 13	115	Liberté	Charité	Autre

Références	*Pages*	*Mot principal*	*Voir aussi*	*ou encore...*
IVD 1, 3	21	Dévotion	Imiter	
IVD 1, 3	21	Dévotion	Parfait	
IVD 1, 3	23	Dévotion	Douceur	Charité
IVD 3, 8	23	Dévotion	Perfection	Charité
IVD 1, 3	24	Dévotion	Perfection	Amour
IVD 1, 3	94	Dévotion	Force	Devoir
IVD 2, 13	35	Dieu	Cœur	Conduire
IVD 3, 5	60	Dieu	Connaître	Reconnaître
IVD 1, 11	61	Dieu	Connaître	Remercier
IVD 2, 15	125	Dieu	Unir	Prochain
IVD 3, 23	69	Discernement	Sagesse	Discrétion
IVD 3, 1	24	Eglise	Commandement	Dévotion
IVD 3, 30	108	Enfant	Chemin	Cœur
IVD 3, 35	132	Enfant	Vivre	Cœur
IVD 3, 30	111	Esprit	Autre	Douceur
IVD 1, 9	38	Etre	Rebelle	Affection
IVD 3, 23	89	Garder	Force	Ruine
IVD 3, 4	22	Grâce	Cœur	Gloire
IVD 5, 2	64	Grâce	Amour	Charité
IVD 3, 8	74	Humilité	Douceur	Cœur
IVD 2, 18	104	Inspiration	Chrétien	Vivre
IVD 2, 18	105	Inspiration	Amour	Bien
IVD 3, 23	86	Jésus	Salut	Action
IVD 3, 28	35	Juger	Prochain	Cœur
IVD 3, 36	50	Juger	Cœur	Prochain
IVD 1, 3	117	Liberté	Vivre	Saint
IVD 1, 9	61	Méditer	Création	Unir
IVD 2, 14	20	Mystères	Eucharistie	
IVD 3, 8	50	Passion	Raison	Ame
IVD 2, 1	20	Prière	Cœur	Esprit
IVD 1, 10	63	Remercier	Dieu	Fin
IVD 2, 12	35	Solitude	Cœur	Présence
IVD 3, 23	32	Source	Cœur	Action
TAD 1, 6	21	Amour	Image	Création
TAD 3, 8	90	Amour	Corps	Image
TAD 10, 17	100	Amour	Dieu	Homme
TAD 10, 11	116	Amour	Perfection	Autre

Références	*Pages*	*Mot principal*	*Voir aussi*	*ou encore...*
TAD 10, 11	127	Amour	Dieu	Homme
TAD Préface	27	Apprendre	Autres	dire
TAD 1, 15	31	Dépendre	Bien	Unir
TAD 12, 11	131	Dieu	Jésus	Amour
TAD 2, 7	92	Eglise	Perfection	Beauté
TAD 11, 9	53	Foi	Espérance	Charité
TAD 2, 12	111	Force	Consentir	Résister
TAD 8, 7	31	Gagner	Cœur	Homme
TAD 10, 1	127	Homme	Esprit	Perfection
TAD 8, 13	106	Humilité	Obéissance	Douceur
TAD 1, 15	99	Image	Création	Dieu
TAD 1, 6	110	Image	Dieu	Homme
TAD 2, 9-13	104	Inspiration	Chrétien	Vivre
TAD 8, 10-13	104	Inspiration	Chrétien	Vivre
TAD 10, 17	58	Jésus	Amour	Extase
TAD 3	101	Jésus	Chrétien	Amour
TAD 12, 13	130	Jésus	Vivre	Amour
TAD 11,8	52	Raison	Fleuve	Lumière
TAD Préface	92	Regarder	Discernement	
TAD 12, 10-13	130	Sacrifice	Dieu	Intérieur
TAD 2, 11	106	Saint	Inspiration	Vertu
TAD 1, 10	30	Siège	Cœur	Amour
ES XVI, p. 1233	73	Apprendre	Jésus	Gouverner
ES XVII, p. 1246	71	Chrétien	Volonté	Perfection
ES IX, p. 1096	103	Enfant	Chemin	
ES I, p. 1005	87	Extérieur	Intérieur	Cœur
ES, XVI	136	Grandir	Dieu	Volonté
ES XIII, p. 1177	88	Règle	Humilité	Douceur
EA XXI, 188	103	Perfection		
Controverses, ch. 8	49	Raison	Vérité	Affection
Etendard 2, 1; EA II,35	49	Théologie	Raison	Ruine
EA XII, 352	121	Amour	Jésus	Dévotion
EA XIII, 263	79	Beauté	Jouissance	Amour
EA XIV, 22	70	Chrétien	Recommencer	Cœur
EA XII, 270	120	Chrétien	Visiter	Prier
EA XIV, 376-379	124	Chrétien	Vivre	Vertu
EA XIII, 123	92	Cœur	Devoir	Lieu

Références	*Pages*	*Mot principal*	*Voir aussi*	*ou encore...*
EA XIII, 253	136	Cœur	Dieu	Amour
EA IX, 447	46	Croire	Méditer	Entendre
EA XIII, 291	119	Désirer	Amour	Aimer
EA XIX, 255	65	Dieu	Conduire	Fin
EA XII, 205	67	Dieu	Cœur	Bien
EA XII, 203	135	Dieu	Travailler	Pauvre
EA IX, 188	44	Empresser	Oeuvre	Fin
EA XIV, 120	107	Esprit	Volonté	Parfait
EA X, 413	100	Fin	Oeuvre	Sagesse
EA IX, 300	111	Force	Liberté	Volonté
EA IX, 163	83	Humilité	Vérité	Bas
EA XIII, 392	129	Humilité	Douceur	Cœur
EA XIV, 378-379	125	Intention	Autre	Entreporter
EA XII, 365	119	Liberté	Mariage	Dévotion
EA XIII, 199	79	Merveilles	Dieu	Eglise
EA XIII, 224	79	Pasteur	Charité	Amour
Ravier, L. A. S. p. 615	51	Raison	Passion	Force
EA XIII, 207	92	Travailler	Espérance	Vivre
EA IX, 250	30	Valoir	Cœur	Homme
EA X, 265	48	Raison	Jésus	Unir
EA IX, 26	103	Saint	Perfection	Autre
Pie IX	72	Docteur	Eglise	
Pie XI	72	Sanctification	Saint	Vertu
Paul VI	134	Docteur	Eglise	
Paul VI, EN, 1975, n°41	116	Homme	Ecouter	Maître
Paul VI, EN, 1975, n°18	126	Homme	Baptême	Evangile
Paul VI	72	Maître	Docteur	Douceur
JP II, Annecy, 7/10/86	94	Communication	Homme	
JP II, Annecy, 7/10/86	97	Jésus	Autres	Parfait
JP II, Annecy, 7/10/86	55	Mémoire	Cœur	Homme
JP II, Annecy, 7/10/86	99	Respecter	Autre	
JP II, Annecy, 7/10/86	82	Sagesse	Saint	Vérité
JP II, Annecy, 7/10/86	94	Saint	Homme	
LG 40	24	Appel	perfection	charité
LG 42	23	Dieu	Prochain	Charité
LG 40	95	Dieu	Parfait	Homme
LG 5	22	Eglise	Saint	Universel

Références	*Pages*	*Mot principal*	*Voir aussi*	*ou encore...*
LG 5	23	Eglise	Saint	Universel
LG 39	24	Eglise	Saint	Charité
LG 42	133	Grâce	Charité	Martyr
GS 22	86	Incarnation	Dieu	Homme
GS 41	119	Jésus	Homme	Parfait
GS 15	82	Sagesse	Vérité	Homme
GS 42	132	Saint	Universel	Eglise
DH 3	75	Vérité	Liberté	Education
GS 22, 5	44	Vocation	Homme	Fin
D. C., n° 1489, p. 386	25	Actualité		
Ravier, L.A.S., p. 342	42	Amour	Jugement	Raison
Ravier, L.A.S., p. 323	41	Dieu	Amour	Oraison
Ravier, L.A.S., p. 342	42	Jésus	Cœur	Dieu
Ravier, L.A.S., p. 462	48	Raison	Cœur	Volonté
Lettre à Diognète	22	Humilité	Maître	Demeurer

Index thématique

Mots	*Pages*	*Sources*	*Mis en relation avec...*	
Amour	90	TAD 3, 8	Corps	Image
	100	TAD 10, 17	Dieu	Homme
	101	TAD 3	Chrétien	Jésus
	105	IVD 2, 18	Inspiration	Bien
	106	IVD 2, 18	Alliance	Mariage
	115	1 Jn 3, 16	Donner	Autre
	116	TAD 10, 11	Perfection	Autre
	119	EA XIII, 291	Désirer	Aimer
	121	EA XII, 352	Jésus	Dévotion
	127	TAD 10, 11	Dieu	Homme
	130	Ph 2, 8	Obéissance	Croix
	130	TAD 12, 13	Vivre	Jésus
	131	TAD 12, 11	Jésus	Dieu
	134	Mt 10, 42	Eau	Fidélité
	136	EA XIII, 253	Dieu	Cœur
Appel	24	LG 40	perfection	charité
Apprendre	27	TAD Préface	Autres	dire
	70	Mt 11, 29	Disciple	Chrétien
	73	ES XVI, Pléiade, p. 1233	Jésus	Gouverner
Asseoir	43	Luc 14, 28-33	Voir	Aller
Atteindre	60	IVD 3, 5	Dieu	Amour
Attention	55	1 R 3, 6-9	Discernement	Gouvernement
Autre	99	IVD Préface	Ame	Diocèse
	99	JP II, Annecy, 7/10/86	Respecter	
	103	1 Co 7, 20-24	Chemin	Saint
	103	EA IX, 26	Perfection	Saint
	111	IVD 3, 30	Esprit	Douceur
	115	1 Jn 3, 16	Amour	Donner
	115	Ga 5, 13	Charité	Liberté
	116	TAD 10, 11	Perfection	Amour
	125	IVD 3, 19	Saint	Entreporter
	125	EA XIV, 378-379	Intention	Entreporter
	27	TAD Préface	Apprendre	dire
	83	Ph 2, 3-4	Humilité	Supérieur
	97	JP II, Annecy	Jésus	Parfait
	101	1 Co 9, 27	Cœur	Jésus

Mots	*Pages*	*Sources*	*Mis en relation avec...*	
Balloter	45	Ep 4, 14-16	Emporter	Doctrine
	45	1 P 3, 13-17	Espérance	Emporter
Baptême	126	Paul VI, EN, 1975, n° 18	Homme	Evangile
Bas	83	EA IX, 163	Vérité	Humilité
Beauté	79	EA XIII, 263	Jouissance	Amour
	92	TAD 2, 7	Perfection	Eglise
	31	TAD 1, 15	Dépendre	Unir
	67	EA XII, 205	Cœur	Dieu
	105	IVD 2, 18	Amour	Inspiration
Boire	72	Pr 5, 15-16	Eau	Source
Charité	23	IVD 3, 8	Perfection	Dévotion
	23	IVD 1, 3	Douceur	Dévotion
	23	LG 42	Prochain	Dieu
	24	LG 40	Perfection	Appel
	24	LG 39	Saint	Eglise
	53	1 Co 13, 1-13	Espérance	Foi
	53	TAD 11, 9	Espérance	Foi
	64	IVD 5, 2	Amour	Grâce
	79	EA XIII, 224	Pasteur	Amour
	115	Ga 5, 13	Liberté	Autre
	133	LG 42	Grâce	Martyr
	103	1 Co 7, 20-24	Saint	Autre
	103	ES IX, Pléiade, p. 1096	Enfant	
Chemin	108	IVD 3, 30	Enfant	Cœur
Chrétien	70	Mt 11, 29	Disciple	Apprendre
	70	EA XIV, 22	Recommencer	Cœur
	71	ES XVII, Pléiade, p. 1246	Volonté	Perfection
	73	Mt 11, 29	Disciple	Jésus
	99	IVD 1, 3	Eglise	Dévotion
	101	TAD 3	Jésus	Amour
	104	IVD 2, 18	Inspiration	Vivre
Chrétiens	104	TAD 2, 9-13	Inspiration	Vivre
	104	TAD 8, 10-13	Inspiration	Vivre
	112	Rm 8, 21	Cœur	Volonté
	120	EA XII, 270	Visiter	Prier
	124	EA XIV, 376-379	Vivre	Vertu
	126	Mt 5, 13	Jésus	Terre

Mots	*Pages*	*Sources*	*Mis en relation avec...*	
Cœur	20	IVD 2, 1	Prière	Esprit
	22	IVD 3, 4	Grâce	Gloire
	29	Jl 2, 22	Convertir	Dieu
	29	Pr 23, 26	Donner	Enfant
	30	Jr 31, 31-34	Alliance	Israël
	30	Ct 8, 6		
	30	IVD 3, 23		
	30	TAD 1, 10	Siège	Amour
	30	EA IX, 250	Valoir	Homme
	31	Mc 1, 15	Convertir	
	31	TAD 8, 7	Gagner	Homme
	32	Is 62, 2	Nom	Volonté
	32	Ps 39, 8-9	Loi	
	32	Mc 7, 1-23	Pensée	Homme
	32	IVD 3, 23	Source	Action
	35	IVD 2, 13	Dieu	Conduire
	35	IVD 3, 28	Prochain	Juger
	35	IVD 2, 12	Solitude	Présence
	39	IVD 3, 36	Prochain	Douceur
	42	Ravier, L.A.S., p. 342	Jésus	Dieu
	48	Ravier, L.A.S., p. 462	Raison	Volonté
	50	IVD 3, 36	Juger	Prochain
	55	JP II,Annecy, 7/10/86	Mémoire	Homme
	56	Dt 6, 6	Parole	Garder
	56	Dt 8	Humilier	Garder
	57	Luc 2, 51	Marie	Garder
	61	IVD 5, 2	Paix	Amour
	66	IVD 4, 13	Esprit	Volonté
	67	EA XII, 205	Dieu	Bien
	70	EA XIV, 22	Recommencer	Chrétien
	72	Mt 11, 29	Douceur	Humilité
	74	IVD 3, 8	Douceur	Humilité
	87	ES I, Pléiade, p. 1005	Intérieur	Extérieur
	92	EA XIII, 123	Devoir	Lieu
	101	1 Co 9, 27	Autres	Jésus
	105	Ps 20	Intérieur	Inspiration
	108	IVD 3, 30	Chemin	Enfant
	110	Ac 22, 1-21	Grâce	Liberté

Mots	*Pages*	*Sources*	*Mis en relation avec...*	
Démolir	38	Ct 2, 15	Renardeaux	Vignes
Dépendre	31	TAD 1, 15	Bien	Unir
Désirer	119	EA XIII, 291	Amour	Aimer
Devoir	92	EA XIII, 123	Cœur	Lieu
	94	IVD 1, 3	Force	Dévotion
Dévotion	21	IVD 1, 3	Parfait	Imiter
	23	IVD 1, 3	Douceur	Charité
	23	IVD 3, 8	Perfection	Charité
	24	IVD 3, 1	Commandement	Eglise
	24	ID 1, 3	Perfection	Amour
	94	IVD 1, 3	Force	Devoir
	99	IVD 1, 3	Eglise	Chrétien
	119	EA XII, 365	Mariage	Liberté
	121	EA XII, 352	Jésus	Amour
	122	IVD 3	Comportement	Douceur
Dieu	23	LG 42	Prochain	Charité
	24	Gn 1, 11	Commandement	Création
	29	Jl 2, 22	Cœur	Convertir
	35	IVD 2, 13	Cœur	Conduire
	41	Ravier, L.A.S., p. 323	Amour	Oraison
	42	Sag 12, 16-18	Jésus	Providence
	42	Ravier, L.A.S., p. 342	Cœur	Jésus
	49	Sag 11, 25	Raison	Affection
	57	Ps 43 (44)	Mémoire	Action
	57	Ps 39 (40)	Merveilles	
	60	IVD 3, 5	Connaître	Reconnaître
	60	IVD 3, 5	Amour	Atteindre
	61	Gn 2, 26	Image	Création
	61	IVD 1, 11	Connaître	Remercier
	62	Ep 5, 1-20	Discernement	Oeuvre
	63	IVD 1, 10	Remercier	Fin
	64	Ph 1, 3-6	Grâce	Mémoire
	64	2 Tm 1, 6	Don	Imposition
	65	Ph 3, 12-14	Confiance	Présence
	65	2 Tm 2, 13	Souvenir	Amour
	65	EA XIX, 255	Conduire	Fin
	67	EA XII, 205	Cœur	Bien

Mots	*Pages*	*Sources*	*Mis en relation avec...*	
Dieu	77	Ps 103	Création	Contemplation
	77	Ps 150	Vivre	Louer
	77	Ps 148	Louer	Terre
	77	Ps 8	Nom	Terre
	79	EA XIII, 199	Merveilles	Eglise
	80	Gn 1, 27-28	Image	Terre
	86	GS 22	Incarnation	Homme
	95	LG 40	Parfait	Homme
	98	Gn 1, 11-12	Création	Commandement
	98	Ap 2, 17	Nom	Etre
	99	TAD 1, 15	Création	Image
	100	TAD 10, 17	Amour	Homme
	110	TAD 1, 6	Image	Homme
	112	Dt 30, 15-20	Ecouter	Vivre
	125	IVD 2, 15	Unir	Prochain
	127	Gn 1, 27	Homme	Image
	127	TAD 10, 11	Amour	Homme
	130	TAD 12, 10-13	Sacrifice	Intérieur
	131	TAD 12, 11	Jésus	Amour
	135	EA XII, 203	Travailler	Pauvre
	136	ES XVI	Grandir	Volonté
	136	EA XIII, 253	Cœur	Amour
Dignité	61	1 Jn 3, 1	Enfant	Création
	62	Ep 4, 11-16	Vocation	Homme
Diocèse	99	IVD Préface	Autre	Ame
Dire	27	TAD Préface	Autres	Apprendre
	47	Ac 4, 20	Voir	Entendre
Discernement	55	1 R 3, 6-9	Attention	Gouvernement
	62	Ep 5, 1-20	Dieu	Œuvre
	69	IVD 3, 23	Sagesse	Discrétion
	92	TAD Préface	Regarder	
Disciple	70	Mt 11, 29	Chrétien	Apprendre
	73	Mt 11, 29	Chrétien	Jésus
Discrétion	69	IVD 3, 23	Sagesse	Discernement
Division	48	Luc 11, 17	Royaume	Ruine
Docteur	72	Pie IX	Eglise	
	72	Paul VI	Maître	Douceur
	134	Paul VI	Eglise	

Mots	*Pages*	*Sources*	*Mis en relation avec...:*	
Doctrine	45	Ep 4, 14-16	Emporter	Balloter
Don	64	2 Tm 1, 6	Dieu	Imposition
	98	1 Co 12, 4-6	Esprit	Ministère
Donner	29	Pr 23, 26	Cœur	Enfant
	115	1 Jn 3, 16	Amour	Autre
Douceur	23	IVD 1, 3	Dévotion	Charité
	39	IVD 3, 36	Prochain	Cœur
	47	1 P 3, 16	Respect	Conscience
	72	Mt 11, 29	Cœur	Humilité
	72	Paul VI	Docteur	Maître
	74	IVD 3, 8	Humilité	Cœur
	88	ES XIII, Pléiade, p.1177	Humilité	Règle
	106	TAD 8, 13	Obéissance	Humilité
	111	IVD 3, 30	Autre	Esprit
	122	IVD 3	Dévotion	Comportement
	129	EA XIII, 392	Humilité	Cœur
Eau	72	Pr 5, 15-16	Boire	Source
	134	Mt 10, 42	Amour	Fidélité
Ecouter	18	Jn 1, 1-18	Jésus	
	57	Luc 2, 19	Marie	Souvenir
	112	Dt 30, 15-20	Vivre	Dieu
	116	Paul VI, EN, 1975, n° 41	Homme	Maître
Education	75	DH 3	Liberté	Vérité
Eglise	22	LG 5	Saint	Universel
	23	LG 5	Saint	Universel
	24	IVD 3, 1	Commandement	Dévotion
	24	LG 39	Saint	Charité
	57	Luc 22, 19	Eucharistie	Mémoire
	62	Ep 3, 14-19	Corps	Jésus
	62	Ep 2, 19-22	Jésus	Homme
	72	Pie IX	Docteur	
	79	EA XIII, 199	Dieu	Merveilles
	92	TAD 2, 7	Perfection	Beauté
	99	IVD 1, 3	Chrétien	Dévotion
	132	GS 42	Universel	Saint
	134	Paul VI	Docteur	

Mots	*Pages*	*Sources*	*Mis en relation avec...*	
Emporter	45	Ep 4, 14-16	Balloter	Doctrine
	45	1 P 3, 13-17	Balloter	Espérance
Empresser	44	EA IX, 188	Œuvre	Fin
Enfant	29	Pr 23, 26	Cœur	Donner
	61	1 Jn 3, 1	Dignité	Création
	103	ES IX, Pléiade, p. 1096	Chemin	
	108	IVD 3, 30	Chemin	Cœur
	132	IVD 3, 35	Vivre	Cœur
Entendre	46	EA IX, 447	Méditer	Croire
	47	Ac 4, 20	Voir	Dire
Entreporter	125	IVD 3, 19	Saint	Autre
	125	EA XIV, 378-379	Autre	Intention
Envoyé	18	Jn 7, 29; 8, 16	Jésus	
Espérance	45	1 P 3, 13-17	Balloter	Emporter
	53	1 Co 13, 1-13	Foi	Charité
	53	TAD 11, 9	Foi	Charité
	92	EA XIII, 207	Travailler	Vivre
Esprit	20	IVD 2, 1	Cœur	Prière
	66	IVD 4, 13	Cœur	Volonté
	98	1 Co 12, 4-6	Don	Ministère
	107	EA XIV, 120	Volonté	Parfait
	111	IVD 3, 30	Autre	Douceur
	127	TAD 10, 1	Homme	Perfection
	38	IVD 1, 9	Rebelle	Affection
	98	Ap 2, 17	Nom	Dieu
Eucharistie	20	IVD 2, 14	Mystères	
	57	Luc 22, 19	Eglise	Mémoire
Evangile	126	Paul VI, EN, 1975, n° 18	Baptême	Homme
Extase	58	TAD 10, 17	Amour	Jésus
Extérieur	34	2 Co 4, 16-18	Intérieur	Homme
	87	ES I, Pléiade, p. 1005	Intérieur	Cœur
Fidélité	65	Ap 1, 4-5	Nom	Jésus
	134	Mt 10, 42	Eau	Amour
Fils	18	Jn 3, 35; 10, 30	Père	Jésus
Fin	44	EA IX, 188	Œuvre	Empresser

Mots	*Pages*	*Sources*	*Mis en relation avec...*	
Homme	62	Ep 4, 11-16	Vocation	Dignité
	62	Ep 2, 19-22	Eglise	Jésus
	62	Col 3, 9-10	Image	Création
	72	Mt 23, 10	Maître	Jésus
	82	GS 15	Vérité	Sagesse
	86	GS 22	Dieu	Incarnation
	94	JP II, Annecy	Communication	
	94	JP II, Annecy	Saint	
	95	LG 40	Parfait	Dieu
	100	TAD 10, 17	Dieu	Amour
	110	TAD 1, 6	Dieu	Image
	116	Paul VI, EN, 1975, n° 41	Ecouter	Maître
	119	GS 41	Jésus	Parfait
	126	Paul VI, EN, 1975, n° 18	Baptême	Evangile
	127	Gn 1, 27	Dieu	Image
	127	TAD 10, 11	Dieu	Amour
	127	TAD 10, 1	Esprit	Perfection
Humilier	56	Dt 8	Cœur	Garder
Humilité	21	1 Co 3, 16	Amour	Demeurer
	22	Lettre à Diognète	Maître	Demeurer
	65	IVD 5, 2	Affection	Confiance
	72	Mt 11, 29	Cœur	Douceur
	74	IVD 3, 8	Douceur	Cœur
	83	Ph 2, 3-4	Autres	Supérieur
	83	EA IX, 163	Vérité	Bas
	88	ES XIII, Pléiade, p. 1177	Règle	Douceur
	106	TAD 8, 13	Obéissance	Douceur
	129	EA XIII, 392	Douceur	Cœur
Image	21	TAD 1, 6	Amour	Création
	61	Gn 2, 26	Dieu	Création
	62	Col 3, 9-10	Homme	Création
	80	Gn 1, 27-28	Dieu	Terre
	90	TAD 3, 8	Corps	Amour
	99	TAD 1, 15	Création	Dieu
	110	TAD 1, 6	Dieu	Homme
	127	Gn 1, 27	Homme	Dieu
Imiter	21	IVD 1, 3	Dévotion	

Mots	*Pages*	*Sources*	*Mis en relation avec...*	
Imposition	64	2 Tm 1, 6	Don	Dieu
Incarnation	86	GS 22	Dieu	Homme
Injustice	38	IVD 3, 36	Raison	Amour
Inspiration	104	IVD 2, 18	Chrétien	Vivre
	104	TAD 8, 10-13	Chrétien	Vivre
	104	TAD 2, 9-13	Chrétien	Vivre
	105	Ps 20	Intérieur	Cœur
	105	IVD 2, 18	Amour	Bien
	106	Tb 4, 18	Prier	Réfléchir
	106	TAD 2, 11	Saint	Vertu
Intention	125	EA XIV, 378-379	Autre	Entreporter
Intérieur	34	2 Co 4, 16-18	Extérieur	Homme
	87	ES I, Pléiade, p. 1005	Extérieur	Cœur
	105	Ps 20	Inspiration	Cœur
	130	TAD 12, 10-13	Dieu	Sacrifice
Israël	30	Jr 31, 31-34	Cœur	Alliance
Jésus	18	Mt 11, 28	Suivre	
	18	Jn 1, 1-18	Ecouter	
	18	Jn 3, 16	Amour	
	18	Jn 3, 35; 10, 30	Père	Fils
	18	Jn 7, 29; 8, 16	Envoyé	
	18	Avila, Ch.de Perf.	Accueillir	
	20	Jn 13, 1	Amour	
	42	Sag 12, 16-18	Dieu	Providence
	42	Ravier, L.A.S., p. 342	Cœur	Dieu
	48	EA X, 265	Raison	Unir
	58	2 Tm 2, 8	Mémoire	Souvenir
	58	TAD 10, 17	Amour	Extase
	62	Ep 2, 19-22	Eglise	Homme
	62	Ep 3, 14-19	Corps	Eglise
	63	Col 1, 12-14	Royaume	Remercier
	64	Ph 3, 7-16	Œuvre	Mémoire
	65	Ap 1, 4-5	Nom	Fidélité
	72	Mt 23, 10	Maître	Homme
	73	Mt 11, 29	Disciple	Chrétien
	73	ES XVI, Pléiade, p. 1233	Apprendre	Gouverner

Mots	*Pages*	*Sources*	*Mis en relation avec...*	
Jésus	85	Jn 1, 18	Mystère	Parole
	86	IVD 3, 23	Salut	Action
	95	Mt 5, 48	Maître	Perfection
	97	JP II, Annecy, 7/10/86	Autres	Parfait
	101	1 Co 9, 27	Cœur	Autres
	101	TAD 3	Chrétien	Amour
	112	Jn 8, 29	Liberté	Plaire
	119	GS 41	Homme	Parfait
	121	EA XII, 352	Amour	Dévotion
	126	Mt 5, 13	Chrétien	Terre
	130	TAD 12, 13	Vivre	Amour
	131	TAD 12, 11	Dieu	Amour
	132	2 Tm 3, 12	Vivre	Persécuter
Jouissance	79	EA XIII, 263	Beauté	Amour
Jugement	42	Ravier, L.A.S., p.342	Amour	Raison
Juger	35	IVD 3, 28	Prochain	Cœur
	50	IVD 3, 36	Cœur	Prochain
Justice	61	Ep 4, 17-24	Saint	Homme
Liberté	75	DH 3	Vérité	Education
	110	Ac 22, 1-21	Grâce	Cœur
	111	EA IX, 300	Force	Volonté
	112	Jn 8, 29	Jésus	Plaire
	115	Ga 5, 13	Charité	Autre
	117	IVD 1, 3	Vivre	Saint
	119	EA XII, 365	Mariage	Dévotion
Lieu	92	EA XIII, 123	Devoir	Cœur
Loi	32	Ps 39, 8-9	Cœur	
Louer	77	Ps 150	Vivre	Dieu
	77	Ps 148	Dieu	Terre
Lumière	49	Ps 4, 7	Raison	Foi
	52	TAD 11,8	Fleuve	Raison
Maître	22	Let. à Diognète	Humilité	Demeurer
	72	Mt 23, 10	Jésus	Homme
	72	Paul VI	Docteur	Douceur
	95	Mt 5, 48	Jésus	Perfection
	116	Paul VI, EN, 1975, n° 41	Ecouter	Homme

Mots	*Pages*	*Sources*	*Mis en relation avec...*	
Mariage	106	IVD 2, 18	Alliance	Amour
	119	EA XII, 365	Liberté	Dévotion
Marie	57	Luc 2, 19	Ecouter	Souvenir
	57	Luc 2, 51	Cœur	Garder
Martyr	133	LG 42	Charité	Grâce
Méditer	46	EA IX, 447	Croire	Entendre
	61	IVD 1, 9	Création	Unir
Mémoire	55	JP II, Annecy, 7/10/86	Cœur	Homme
	56	Dt 5-9	Souvenir	Oublier
	57	Ps 43 (44)	Dieu	Action
	57	Luc 22, 19	Eucharistie	Eglise
	58	2 Tm 2, 8	Jésus	Souvenir
	64	Ph 3, 7-16	Œuvre	Jésus
	64	Ph 1, 3-6	Grâce	Dieu
Merveilles	57	Ps 39 (40)	Dieu	
	79	EA XIII, 199	Dieu	Eglise
Ministère	98	1 Co 12, 4-6	Don	Esprit
Mystère	85	Jn 1, 18	Jésus	Parole
	20	IVD 2, 14	Eucharistie	
Nom	32	Is 62, 2	Cœur	Volonté
	65	Ap 1, 4-5	Jésus	Fidélité
	77	Ps 8	Dieu	Terre
	98	Ap 2, 17	Dieu	Etre
Obéissance	106	TAD 8, 13	Humilité	Douceur
	130	Ph 2, 8	Amour	Croix
Œuvre	44	EA IX, 188	Empresser	Fin
	62	Ep 5, 1-20	Discernement	Dieu
	64	Ph 3, 7-16	Jésus	Mémoire
	100	EA X, 413	Fin	Sagesse
Oraison	41	Ravier, L.A.S., p. 323	Amour	Dieu
Oublier	56	Dt 5-9	Souvenir	Mémoire
	56	Dt 9, 7	Souvenir	Force
Paix	61	IVD 5, 2	Amour	Cœur
Parfait	16	Mt 5, 48	Sanctification	
	21	IVD 1, 3	Dévotion	

Mots	*Pages*	*Sources*	*Mis en relation avec...*	
Parfait	95	LG 40	Dieu	Homme
	97	JP II, Annecy	Autres	Jésus
	107	EA XIV, 120	Volonté	Esprit
	119	GS 41	Homme	Jésus
Parole	56	Dt 6, 6	Cœur	Garder
	85	Jn 1, 18	Jésus	Mystère
Passion	50	IVD 3, 8	Raison	Ame
	51	Ravier, L.A.S. p. 615	Raison	Force
Pasteur	79	EA XIII, 224	Charité	Amour
Pauvre	135	EA XII, 203	Travailler	Dieu
Pensée	32	Mc 7, 1-23	Cœur	Homme
Père	18	Jn 3, 35; 10, 30	Jésus	Fils
Perfection	23	IVD 3, 8	Dévotion	Charité
	24	IVD 1, 3	Dévotion	Amour
	24	LG 40	Appel	Charité
	71	ES XVII, Pléiade, p.1246	Volonté	Chrétien
	92	TAD 2, 7	Eglise	Beauté
	95	Mt 5, 48	Maître	Jésus
	103	EA XXI, 188		
	103	EA IX, 26	Saint	Autre
	116	TAD 10, 11	Amour	Autre
	127	TAD 10, 1	Esprit	Homme
Persécuter	132	2 Tm 3, 12	Jésus	Vivre
Plaire	112	Jn 8, 29	Liberté	Jésus
	118	Ph 4, 5	Sérénité	Vocation
Présence	35	IVD 2, 12	Cœur	Solitude
	65	Ph 3, 12-14	Confiance	Dieu
Prier	106	Tb 4, 18	Inspiration	Réfléchir
	120	EA XII, 270	Visiter	Chrétien
Prière	20	IVD 2, 1	Cœur	Esprit
Prochain	23	LG 42	Dieu	Charité
	35	IVD 3, 28	Juger	Cœur
	39	IVD 3, 36	Cœur	Douceur
	50	IVD 3, 36	Cœur	Juger
	125	IVD 2, 15	Unir	Dieu

Mots	*Pages*	*Sources*	*Mis en relation avec...*	
Providence	42	Sag 12, 16-18	Dieu	Jésus
Raison	38	IVD 3, 36	Amour	Injustice
	42	Ravier, L.A.S., p.342	Jugement	Amour
	48	EA X, 265	Jésus	Unir
	48	Ravier, L.A.S., p. 462	Cœur	Volonté
	49	Ps 4, 7	Foi	Lumière
	49	Sag 11, 25	Dieu	Affection
	49	EA II, 35	Théologie	Ruine
	49	Controverses, ch. 8	Vérité	Affection
	50	IVD 3, 8	Passion	Ame
	51	Gn 2, 10	Vertu	Fleuve
	51	Ravier, L.A.S. p. 615	Passion	Force
	52	TAD 11,8	Fleuve	Lumière
Rebelle	38	IVD 1, 9	Etre	Affection
Recommencer	70	EA XIV, 22	Chrétien	Cœur
Reconnaître	60	IVD 3, 5	Connaître	Dieu
Réfléchir	106	Tb 4, 18	Prier	Inspiration
Regarder	92	TAD Préface	Discernement	
Règle	88	ES XIII, Pléiade, p.1177	Humilité	Douceur
Remercier	61	IVD 1, 11	Connaître	Dieu
	63	Col 1, 12-14	Royaume	Jésus
	63	IVD 1, 10	Dieu	Fin
Renardeaux	38	Ct 2, 15	Démolir	Vignes
Résister	111	TAD 2, 12	Consentir	Force
Respect	47	1 P 3, 16	Douceur	Conscience
Respecter	99	JP II, Annecy, 7/10/86	Autre	
Royaume	48	Luc 11, 17	Division	Ruine
	63	Col 1, 12-14	Remercier	Jésus
Ruine	48	Luc 11, 17	Royaume	Division
	49	EA II, 35	Raison	Théologie
	89	IVD 3, 23	Force	Garder
Sacrifice	130	TAD 12, 10-13	Dieu	Intérieur
Sagesse	69	IVD 3, 23	Discernement	Discrétion
	82	JP II, Annecy, 7/10/86	Saint	Vérité
	82	GS 15	Vérité	Homme
	100	EA X, 413	Œuvre	Fin

Mots	*Pages*	*Sources*	*Mis en relation avec...*	
Saint	16	1 Th 4, 3	Sanctification	
	17	Lv 19, 2	Sanctification	
	17	1 P 1, 15-16		
	22	LG 5	Eglise	Universel
	23	LG 5	Eglise	Universel
	24	LG 39	Eglise	Charité
	61	Ep 4, 17-24	Justice	Homme
	72	Pie XI	Sanctification	Vertu
	82	JP II, Annecy, 7/10/86	Sagesse	Vérité
	94	JP II, Annecy, 7/10/86	Homme	
	103	1 Co 7, 20-24	Chemin	Autre
	103	EA IX, 26	Perfection	Autre
	106	TAD 2, 11	Inspiration	Vertu
	117	IVD 1, 3	Vivre	Liberté
	125	IVD 3, 19	Autre	Entreporter
	132	GS 42	Universel	Eglise
Salut	19	Ph 2, 12-13	Travail	
	86	IVD 3, 23	Jésus	Action
Sanctification	16	Mt 5, 48	Parfait	
	16	1 Th 4, 3	Saint	
	17	Lv 19, 2	Saint	
	72	Pie XI	Saint	Vertu
Sérénité	118	Ph 4, 5	Vocation	Plaire
Siège	30	TAD 1, 10	Cœur	Amour
Solitude	35	IVD 2, 12	Cœur	Présence
Source	32	IVD 3, 23	Cœur	Action
	72	Pr 5, 15-16	Boire	Eau
Souvenir	56	Dt 9, 7	Force	Oublier
	56	Dt 5-9	Mémoire	Oublier
	57	Luc 2, 19	Ecouter	Marie
	58	2 Tm 2, 8	Mémoire	Jésus
	65	2 Tm 2, 13	Dieu	Amour
Suivre	18	Mt 11, 28	Jésus	
	19	Ep 5, 1-2	Amour	
	110	Ap 2, 5	Vouloir	Convertir
Supérieur	83	Ph 2, 3-4	Autres	Humilité

Mots	*Pages*	*Sources*	*Mis en relation avec...*	
Terre	77	Ps 148	Dieu	Louer
	77	Ps 8	Nom	Dieu
	80	Gn 1, 27-28	Image	Dieu
	126	Mt 5, 13	Jésus	Chrétien
Théologie	49	EA II, 35	Raison	Ruine
Travailler	19	Ph 2, 12-13	Salut	
	92	EA XIII, 207	Espérance	Vivre
	135	EA XII, 203	Dieu	Pauvre
Unir	31	TAD 1, 15	Bien	Dépendre
	48	EA X, 265	Jésus	Raison
	61	IVD 1, 9	Création	Méditer
	125	IVD 2, 15	Dieu	Prochain
Universel	22	LG 5	Saint	Eglise
	23	LG 5	Saint	Eglise
	132	GS 42	Saint	Eglise
Valoir	30	EA IX, 250	Cœur	Homme
Vérité	49	Controverses, ch. 8	Raison	Affection
	75	DH 3	Liberté	Education
	82	JP II, Annecy	Saint	Sagesse
	82	GS 15	Sagesse	Homme
	83	EA IX, 163	Humilité	Bas
Vertu	51	Gn 2, 10	Raison	Fleuve
	72	Pie XI	Saint	Sanctification
	106	TAD 2, 11	Inspiration	Saint
	124	EA XIV, 376-379	Vivre	Chrétien
Vignes	38	Ct 2, 15	Démolir	Renardeaux
Visiter	120	EA XII, 270	Chrétien	Prier
Vivre	77	Ps 150	Dieu	Louer
	92	EA XIII, 207	Espérance	Travailler
	104	IVD 2, 18	Chrétien	Inspiration
	104	TAD 8, 10-13	Chrétien	Inspiration
	104	TAD 2, 9-13	Chrétien	Inspiration
	112	Dt 30, 15-20	Ecouter	Dieu
	117	IVD 1, 3	Liberté	Saint
	124	EA XIV, 376-379	Chrétien	Vertu
	130	TAD 12, 13	Jésus	Amour
	132	2 Tm 3, 12	Jésus	Persécuter
	132	IVD 3, 35	Enfant	Cœur

Mots	*Pages*	*Sources*	*Mis en relation avec...*	
Vocation	44	GS 22, 5	Homme	Fin
	62	Ep 4, 11-16	Dignité	Homme
	118	Ph 4, 5	Sérénité	Plaire
Voir	43	Luc 14, 28-33	Asseoir	Aller
	47	Ac 4, 20	Dire	Entendre
Volonté	32	Is 62, 2	Cœur	Nom
	48	Ravier, L.A.S., p. 462	Cœur	Raison
	66	IVD 4, 13	Esprit	Cœur
	71	ES XVII, Pléiade, p. 1246	Chrétien	Perfection
	107	EA XIV, 120	Esprit	Parfait
	111	EA IX, 300	Liberté	Force
	112	Rm 8, 21	Cœur	Chrétien
	136	ES XVI	Dieu	Grandir
Vouloir	110	Ap 2, 5	Suivre	Convertir

Table des matières

2e édition - 6e mille

Achevé d'imprimer le 15 juin 1992
dans les ateliers de Normandie Roto s.a., 61250 Lonrai
pour le compte des éditions Desclée de Brouwer
N° d'imprimeur : I2-1086
Dépôt légal : juin 1992

Imprimé en France